Langenscheidt

Verbtabellen Latein

von Annerose Müller und Otmar Bilz

Langenscheidt

Berlin · München · Wien · Zürich · New York

Herausgegeben von der Langenscheidt-Redaktion
Lektorat: Sigrid Bohrmann
Layout: Ute Weber

www.langenscheidt.de

Satz: kaltnermedia GmbH, Bobingen
Druck: CS-Druck CornelsenStürtz, Berlin
Bindung: Stein+Lehmann, Berlin

Printed in Germany

ISBN 978-3-468-34202-8

09010

Benutzerhinweise

Die Langenscheidt Verbtabellen Latein wurden für Sie vollständig neu bearbeitet und sind nun noch benutzerfreundlicher, informativer und übersichtlicher. Die zweifarbige Gestaltung (lateinische Wörter und Beispielsätze sind auf den Textseiten hellblau hervorgehoben, deutsche Übersetzungen kursiv) und viele selbsterklärende Symbole tragen dazu bei, dass Sie einen guten Überblick über die wichtigsten lateinischen Verben, ihre Grammatik und über die unterschiedlichen Konjugationsmuster bekommen.

Konjugationstabellen

Auf 70 Doppelseiten werden die wichtigsten lateinischen Verben und ihre Konjugationsmuster dargestellt. Auf der linken Seite wird dabei das jeweilige Verb in einer Konjugationstabelle in allen relevanten Zeiten und Modi konjugiert abgebildet. (1) Hier sehen Sie, zu welcher Konjugationsgruppe das Verb gehört. (2) Die Konjugationsnummer ordnet das Verb einem speziellen Konjugationsmuster zu. Sie ist wichtig, damit Sie auch andere Verben (z. B. all jene, die Sie in den Alphabetischen Verblisten am Ende des Buches antreffen) einem bestimmten Konjugationsmuster zuweisen können. (3) Gelegentlich finden Sie hier eine Kurzbeschreibung der wichtigsten Merkmale des jeweiligen Verbs. (4) In der Konjugationstabelle werden die Verbformen vollständig abgebildet, wobei auf den ersten zehn Musterkonjugationsseiten die typischen Formen bzw. Endungen dunkelblau fett gesetzt sind. Auf den folgenden Seiten der Konjugationen (11) bis (70) werden Formen, die eine Ausnahme darstellen und daher besonders schwierig sind, hellblau hervorgehoben. Abweichende Schreibweisen, z. B. einzelne Buchstabenänderungen in einer bestimmten Verbform, werden durch Fettungen betont.

Konsonantische Konjugation

(25) ducere *führen, halten für* — s-Perfekt, -cs- → -x-

Präsensstamm

Indikativ Präsens: duco, ducis, ducit, ducimus, ducitis, ducunt

Indikativ Imperfekt: ducebam, ducebas, ducebat, ducebamus, ducebatis, ducebant

Futur I: ducam, duces, ducet, ducemus, ducetis, ducent

Konjunktiv Präsens: ducam, ducas, ducat, ducamus, ducatis, ducant

Konjunktiv Imperfekt: ducerem, duceres, duceret, duceremus, duceretis, ducerent

Perfektstamm

Indikativ Perfekt: duxi, duxisti, duxit, duximus, duxistis, duxerunt

Indikativ Plusquamperfekt: duxeram, duxeras, duxerat, duxeramus, duxeratis, duxerant

Futur II: duxero, duxeris, duxerit, duxerimus, duxeritis, duxerint

Konjunktiv Perfekt: duxerim, duxeris, duxerit, duxerimus, duxeritis, duxerint

Konjunktiv Plusquamperfekt: duxissem, duxisses, duxisset, duxissemus, duxissetis, duxissent

Nominalformen

Infinitiv Perfekt: duxisse

Infinitiv Futur: ducturum, -am, -um esse

Partizip Präsens: ducens, ducentis

Partizip Futur: ducturus, -a, -um

Partizip Perfekt Passiv: ductus, -a, -um

Gerund: ducendi, (ad) ducendum, ducendo

Gerundiv: ducendus, -a, -um

Supin: ductum, ductu

Imperativ

Imperativ I: duc, ducite

Imperativ II: ducito, ducito, ducitote, ducunto

80

Infoseiten

Auf der rechten Seite finden Sie zusätzliche Informationen zum jeweiligen Verb, und zwar in Form von konkreten Anwendungsbeispielen (5) und festen Redewendungen (6). Alternativ zu den Redewendungen stehen manchmal auch Sprichwörter oder Witze. Ferner treffen Sie in der Rubrik Ähnliche bzw. Andere Verben (7) auf Synonyme und/oder Ableitungen bzw. auf Antonyme.

Unter der Rubrik Gebrauch (8) finden Sie besondere Hinweise darauf, wie das Verb in der Praxis verwendet wird. Alternativ zeigen wir Ihnen auch unter der Rubrik Aufgepasst! formale Besonderheiten und mögliche Stolpersteine. Gelegentlich finden Sie außerdem die Rubrik Tipps & Tricks (9), die beispielsweise auf Verben mit dem gleichen Konjugationsmuster oder auf andere praktische Hilfestellungen verweist. Das Anmerkungsfeld (10) dient dazu, dass Sie weitere Verben zu den jeweils passenden Konjugationsmustern ergänzen und somit Ihren Wortschatz aktiv erweitern können.

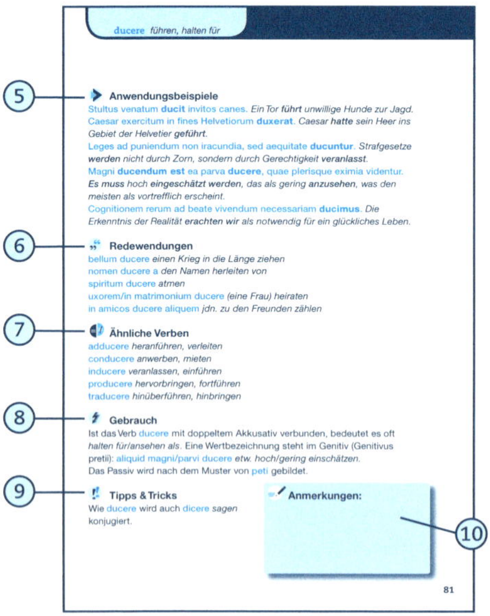
ducere *führen, halten für*

(5) **Anwendungsbeispiele**
Stultus venatum **ducit** invitos canes. *Ein Tor* ***führt*** *unwillige Hunde zur Jagd.*
Caesar exercitum in fines Helvetiorum **duxerat**. *Caesar* ***hatte*** *sein Heer ins Gebiet der Helvetier* ***geführt***.
Leges ad puniendum non iracundia, sed aequitate **ducuntur**. *Strafgesetze* ***werden*** *nicht durch Zorn, sondern durch Gerechtigkeit* ***veranlasst***.
Magni **ducendum est** ea parva **ducere**, quae plerisque eximia videntur. ***Es muss*** *hoch* ***eingeschätzt werden***, *das als gering* ***anzusehen***, *was den meisten als vortrefflich erscheint.*
Cognitionem rerum ad beate vivendum necessariam **ducimus**. *Die Erkenntnis der Realität* ***erachten wir*** *als notwendig für ein glückliches Leben.*

(6) **Redewendungen**
bellum ducere *einen Krieg in die Länge ziehen*
nomen ducere a *den Namen herleiten von*
spiritum ducere *atmen*
uxorem/in matrimonium ducere *(eine Frau) heiraten*
in amicos ducere aliquem *jdn. zu den Freunden zählen*

(7) **Ähnliche Verben**
adducere *heranführen, verleiten*
conducere *anwerben, mieten*
inducere *veranlassen, einführen*
producere *hervorbringen, fortführen*
traducere *hinüberführen, hinbringen*

(8) **Gebrauch**
Ist das Verb ducere mit doppeltem Akkusativ verbunden, bedeutet es oft *halten für/ansehen als*. Eine Wertbezeichnung steht im Genitiv (Genitivus pretii): aliquid magni/parvi ducere *etw. hoch/gering einschätzen*.
Das Passiv wird nach dem Muster von peti gebildet.

(9) **Tipps & Tricks**
Wie ducere wird auch dicere *sagen* konjugiert.

Anmerkungen: (10)

81

Tipps & Tricks

Damit Ihnen der Einstieg in die verschiedenen Konjugationsmuster der lateinischen Verben leichter fällt, verraten wir Ihnen vorab in einem Extra-Teil ein paar Tipps & Tricks.

Grammatik rund ums Verb

In der Grammatik rund ums Verb werden in Kürze alle relevanten Grammatikthemen behandelt, die Sie beherrschen sollten, um die lateinischen Verben richtig verwenden und konjugieren zu können.

Symbole

Folgende Symbole werden Ihnen in der Grammatik rund ums Verb begegnen:
Unter ℹ erhalten Sie Informationen zu den speziellen Spracheigenheiten des Lateinischen.
Unter 💡 finden Sie einen Merksatz, den Sie sich gut einprägen sollten.
⚡ weist Sie auf Stolpersteine hin, damit Sie diese möglichen Fehlerquellen vermeiden können.
◐ signalisiert Ihnen, dass es sich hier um eine Ausnahme oder Sonderform handelt, die Sie sich besonders gut merken sollten.
Das Symbol ▷ verweist auf andere Stellen im Buch, die Sie sich bei dieser Gelegenheit ansehen sollten.

Stammformen, Verben mit Ergänzung und Alphabetische Verblisten

Am Ende des Buches finden Sie die Stammformen wichtiger lateinischer Verben, die nicht in den Konjugationstabellen enthalten sind, sowie eine Auflistung von Verben mit verschiedenen Ergänzungen. Die Alphabetischen Listen ermöglichen Ihnen, Verben schnell nachzuschlagen und sie den verschiedenen Konjugationsmustern zuzuordnen.

Inhaltsverzeichnis

Konjugationstabellen und Infoseiten

Abkürzungen

Abl.	Ablativ
AcI	Akkusativ mit Infinitiv
Akk.	Akkusativ
Akt.	Aktiv
Dat.	Dativ
etc.	et cetera
etw.	etwas
Fut.	Futur
Gen.	Genitiv
Imp.	Imperativ
Imperf.	Imperfekt
Ind.	Indikativ
Inf.	Infinitiv
jd.	jemand
jdm.	jemandem
jdn.	jemanden
jds.	jemandes
Konjug.	Konjugation
Konj.	Konjunktiv
Nom.	Nominativ
NcI	Nominativ mit Infinitiv
Part.	Partizip
Pass.	Passiv
Perf.	Perfekt
Plusqu.	Plusquamperfekt
Präs.	Präsens

Tipps & Tricks zum Konjugationstraining

Um Verben richtig konjugieren zu können, muss man nicht zwingend stoisch ganze Verbkonjugationen, Zeitformen und Endungen auswendig lernen oder gar hundertmal das gleiche Konjugationsschema abschreiben. Nein, Verben konjugieren kann Spaß machen und auf unterhaltsame Weise erlernt werden. Um Ihnen den Umgang mit lateinischen Verben ganz leicht zu machen, verraten wir Ihnen hier einige praktische Tipps & Tricks zum Konjugationstraining.

L! Pioniergeist ist gefragt

Versuchen Sie, die Andersartigkeit der Fremdsprache und ihrer Konjugationsmuster nachzuvollziehen. Sehen Sie das Erlernen der verschiedenen Zeiten, Formen und Verben einer Fremdsprache als Chance, Ihren eigenen Erfahrungsschatz zu erweitern, als Einblick in Denkweisen, die Ihnen nicht vertraut sind, die für andere Menschen, die diese Sprache täglich sprachen, aber ganz selbstverständlich waren. Zeigen Sie Pioniergeist! Lassen Sie Ihrer Freude am sprachlich Neuen, Fremden und Andersartigen freien Lauf!

L! Das Gesetz der Regelmäßigkeit

Konjugationstraining ist wie Krafttraining fürs Gehirn. Wer nur einmal alle Jubeljahre trainiert, wird wohl kein Fitnessgenie. Es ist sinnvoller, regelmäßig ein wenig als unregelmäßig viel zu lernen. Setzen Sie einen bestimmten Zeitpunkt fest, zu dem Sie sich ungestört dem Konjugationstraining widmen können, z. B. täglich eine Viertelstunde vor dem Einschlafen oder drei Mal wöchentlich in der Mittagspause. Wie immer Sie sich entscheiden: Lernen Sie kontinuierlich, denn nur so lässt sich auch Ihr Langzeitgedächtnis trainieren.

L! Aufwärmen lohnt sich

Gelernten Stoff zu wiederholen, ist wie leichtes Joggen: Laufen Sie sich warm mit Altbekanntem, bevor Sie sich an Neues wagen. Auch wenn Sie noch nicht alle Konjugationsmuster einer Sprache kennen und noch viel Neues vor sich haben, darf das bereits Erlernte nicht vernachlässigt werden. Wiederholen Sie auch Konjugationen, die Sie schon gut können, das macht Spaß und hält fit.

L! Das Salz in der Suppe

Versuchen Sie niemals, sich zu viele Konjugationsmuster auf einmal einzuprägen. Man verliert sonst schnell den Überblick und läuft Gefahr, sich etwas Falsches zu merken oder gar die verschiedenen Konjugationen durcheinanderzuwürfeln. Verbkonjugationen sind wie das Salz in der „Fremdsprachen-Suppe“. Ebenso, wie man eine Suppe versalzen kann, kann man sich das Erlernen einer Fremdsprache erschweren, indem man versucht, sich zu viele Konjugationsmuster auf einmal zu merken. Lernen Sie langsam, stetig und zielorientiert und verdauen Sie in kleinen Häppchen. Nur Geduld!

Eigenlob stinkt nicht immer
Schauen Sie auf das, was Sie bereits gelernt haben. Loben Sie sich für Ihre Fortschritte oder belohnen Sie sich für gute Leistungen. Lob motiviert und Motivation ist eine grundlegende Voraussetzung fürs Lernen.

Schluss mit dem Fachchinesisch
Wenn Sie etwas Neues lernen, kommen immer auch neue Fachbegriffe auf Sie zu, die Sie kennen sollten. Wählen Sie gezielt nach und nach einzelne Grammatikbegriffe aus (▷ Terminologie) und machen Sie sich mit ihrer Bedeutung vertraut. Sie werden sehen, dass es Ihnen im Laufe der Zeit leichterfallen wird, die unterschiedlichen Konjugationsmuster und Zeitformen einer Fremdsprache nachzuvollziehen, wenn für Sie die Fachterminologie nicht mehr Fachchinesisch ist.

Hemmungslos werden
Auch wenn die Beschäftigung mit Verbkonjugationen nicht zu Ihren bevorzugten Freizeitaktivitäten gehört, sollten Sie, um Abneigungen, Hemmungen oder Widerwillen abzubauen, die Konjugationsmuster mit anderen, alltäglichen Regeln vergleichen. Straßenverkehrsregeln, mathematische Grundregeln, Regeln von Sportarten etc. sind Ihnen heute völlig vertraut, mussten jedoch erst einmal von Ihnen gelernt werden. Auch die Regeln, die den Verbkonjugationen zugrunde liegen, werden Sie eines Tages verinnerlicht haben und, ohne darüber nachdenken zu müssen, intuitiv anwenden können.

Fehleranalyse gegen Fettnäpfchen
Haben Sie keine Angst vor Fehlern! Es ist nicht das Ziel des Lernens, keine Fehler zu machen, sondern gemachte Fehler zu bemerken. Nur wer einen Fehler im Nachhinein erkennt, kann ihn beim nächsten Mal vermeiden. Das Beherrschen der unterschiedlichen Konjugationsmuster einer Fremdsprache und das Verinnerlichen von Musterkonjugationen ist dabei durchaus hilfreich: zum einen, um einen Fehler nachvollziehen zu können und zum anderen, um nicht ein zweites Mal in dasselbe Fettnäpfchen zu treten.

Haben Sie einen Typ?
Finden Sie heraus, welcher Lerntyp Sie sind. Behalten Sie eine Verbform schon im Gedächtnis, wenn Sie sie gehört haben *(Hörtyp)* oder müssen Sie sie gleichzeitig sehen *(Seh-/Lesetyp)* und dann aufschreiben *(Schreibtyp)*? Macht es Ihnen Spaß, verschiedene Konjugationen und Zeitformen in Rätseln oder Spielen auszuprobieren *(Handlungstyp)*? Die meisten Menschen tendieren zum einen oder anderen Lerntyp. Reine Typen kommen nur sehr selten vor. Sie sollten daher sowohl Ihren Typ ermitteln als auch Ihre Lerngewohnheiten Ihren Vorlieben anpassen. Halten Sie also Augen und Ohren offen und lernen Sie ruhig mit Händen und Füßen, wenn Sie der Typ dafür sind.

Sag's mit einem Post-it
Auf Post-its wurden schon Heiratsanträge gemacht oder Beziehungen beendet. Also ist es kein Wunder, dass man damit auch Konjugieren lernen

kann. Schreiben Sie sich einzelne Verbfomen (idealerweise mit Beispielen, s. u.) separat auf Blätter oder Post-its und hängen Sie sie dort hin, wo Sie sie täglich sehen können, z. B. ins Bad über den Spiegel, an den Computer, den Kühlschrank oder neben die Kaffeemaschine. So verinnerlichen Sie schwierige Verbformen ganz nebenbei. Denn das Auge lernt mit.

L! Beispielsätze gegen Trockenfutter

Trockenfutter ist schwer verdaulich. Die verschiedenen Konjugationsmuster trocken aufzunehmen ebenso. Überlegen Sie sich zu jedem Verb einen Beispielsatz und konjugieren Sie diesen durch die verschiedenen Zeiten und Modi. Fortgeschrittene können in Originaltexten (auch in ins Lateinische übersetzten Nachrichten, Comics oder Songtexten) nach konkreten Anwendungsbeispielen suchen. So werden die Konjugationen leicht bekömmlich.

L! Führen Sie Selbstgespräche

Wählen Sie besonders schwierige Verbformen aus, schreiben Sie dazu einzelne Beispielsätze auf und sprechen Sie diese laut vor sich hin, z. B. unter der Dusche, beim Spazierengehen oder während langer Autofahrten. Reden Sie mit sich selbst in der Fremdsprache, so prägen Sie sich auch komplizierte Verbformen ganz schnell ein.

L! Grammatik à la Karte

Wie beim Vokabellernen im Allgemeinen lässt sich auch für Verben im Besonderen eine Art Karteikasten mit einzelnen Karten anlegen. Schreiben Sie die Verben – auch in konjugierter Form oder mit Beispielsätzen – auf die eine Seite und die Übersetzungen dazu auf die andere. Schauen Sie sich die Karten regelmäßig an und sortieren Sie die, die Ihnen vertraut sind, allmählich aus.

L! Gegensätze ziehen sich an

Merken Sie sich Verben paarweise, indem Sie sich immer auch ein Verb, das das Gegenteil bedeutet (Antonym), einprägen oder ein weiteres Verb mit der gleichen Bedeutung (Synonym). Das hilft Ihnen, wenn Ihnen ein Verb mal nicht gleich einfällt oder Sie sich nicht sicher sind, wie es konjugiert wird. Indem Sie Antonyme und Synonyme mit dazu lernen, bauen Sie sich einen breit gefächerten Wortschatz auf und können aus dem Vollen schöpfen.

L! Vor-/nach-/raus-/rein-/runter-/rüber- ...gehen

Manche Verben können durch eine Vorsilbe eine andere Bedeutung annehmen. In der Regel verändert sich dabei jedoch nicht das Konjugationsmuster. Das ist sehr praktisch, denn auf diese Weise müssen Sie nur das Konjugationsmuster eines Verbs lernen und beherrschen so aber gleich automatisch die Konjugation zahlreicher Ableitungen des Verbs.

L! Haben Sie einen Plan?

Schreiben Sie Verben, die das gleiche Konjugationsmuster haben, auf einem großen Bogen Papier, eventuell mit Zeichnungen, Verweisen oder kurzen Beispielen, überschaubar zusammen und erstellen Sie Ihren persönlichen

Lageplan. Mithilfe sogenannter *mind maps* können Sie sich schon durch das bloße Erstellen des Plans ganz schnell einen Gesamtüberblick über die verschiedenen Konjugationsmuster verschaffen. Ob Sie dieses Papier dann auch irgendwo hinhängen oder nicht, ist nicht ausschlaggebend, denn Sie haben dann ja den Plan schon im Kopf.

L! Denken Sie in Schubladen

Was im wahren Leben nicht unbedingt sinnvoll ist, kann beim Konjugationstraining hilfreich sein. Machen Sie sich gedankliche Schubladen, in die Sie die gelernten Verben einsortieren, und versehen Sie diese mit Etiketten: regelmäßige Verben, unregelmäßige Verben, Deponenzien etc.

L! Bleiben Sie in Bewegung

Sie müssen beim Lernen nicht unbedingt am Schreibtisch sitzen. Stehen Sie auf, gehen Sie im Zimmer auf und ab oder wiederholen Sie beim Spazierengehen, beim Joggen, beim Schwimmen in Gedanken die neu gelernten Konjugationen. Ihr Gehirn funktioniert nachweislich besser, wenn Ihr Körper in Bewegung ist. Und Ihr Kreislauf dankt es Ihnen auch.

L! Beweisen Sie Taktgefühl

Klopfen Sie im Takt dazu (z. B. auf die Tischplatte), wenn Sie sich eine Konjugation einprägen wollen. Takt und Rhythmus fördern Ihr Erinnerungsvermögen. Eventuell hilft auch musikalische Unterstützung in Form von Hintergrundmusik. Und beim Wiederholen der Verbformen können Sie Ihr Taktgefühl und Ihr Gedächtnis zugleich unter Beweis stellen.

L! Grammatik aus dem Ei

Behelfen Sie sich beim Lernen von Konjugationsmustern oder Verbformen, die eine Ausnahme darstellen, mit Eselsbrücken, Reimen, Merkhilfen und Lernsprüchen. „7-5-3 Rom schlüpft aus dem Ei" – was bei historischen Jahreszahlen funktioniert, klappt auch beim Sprachenlernen.

L! Klopfen Sie Sprüche!

Merken Sie sich Sprichwörter, in denen ein bestimmtes Verb, das Sie lernen wollen, vorkommt. Indem Sie sich das Sprichwort in der Fremdsprache einprägen und sich an dieses erinnern, prägen Sie sich auch die Verbform und ihre Bedeutung gut ein. Das funktioniert gleichermaßen mit Witzen und Redewendungen. Aber denken Sie daran, dass sich feste Wendungen nicht immer wörtlich von einer Sprache in die andere übertragen lassen!

L! Setzen Sie Ihrer Phantasie keine Grenzen

Machen Sie sich im wahrsten Sinne ein Bild von der Situation, denn auch Bilder, die Sie im Kopf haben, dienen als Gedächtnisstützen. Versuchen Sie also, ein neu gelerntes Verb gedanklich mit einem einfachen Bild zu verknüpfen. Was sagt das Verb aus? Vor allem das Erlernen der Zeiten funktioniert besser, wenn Sie sich das, was die jeweilige Zeitform ausdrückt, visuell vorstellen.

Gretchenfrage: Und wie steht's mit der Muttersprache?

Denken Sie über Ihre eigenen Sprechgewohnheiten nach und schauen Sie sich die Regeln Ihrer Muttersprache an. Die Gesetze der Fremdsprache sind viel einfacher nachvollzieh- und erlernbar, wenn man die Unterschiede zur eigenen Muttersprache kennt. Welche Zeitformen verwenden Sie wann, wie werden sie gebildet etc.? Indem Sie die Fremdsprache mit Ihrer Muttersprache vergleichen, machen Sie sich Parallelen und Unterschiede bewusster und prägen sich diese gleich viel besser ein.

Lieber hin und weg als auf und davon

Lernen Sie die Verben auch gleich in Verbindung mit verschiedenen Kasus und Satzkonstruktionen. Sie werden zum einen merken, dass Sie damit Ihren Wortschatz ganz schnell erweitern können, da die Verben je nach Ergänzung zumeist auch unterschiedliche Bedeutungen haben. Zum anderen werden Sie feststellen, dass im Lateinischen häufig ganz andere Kasus mit dem Verb verwendet werden als im Deutschen.

Gebrauchsanweisung

Wenn Sie sich ein Verb und sein Konjugationsmuster einprägen, dann achten Sie auch darauf, den richtigen Gebrauch des Verbs mitzulernen. Denn nur so können Sie das Gelernte auch in der Praxis erfolgreich zur Anwendung bringen.

Wer liest, ist im Vorteil

Wagen Sie sich langsam an fremdsprachige Lektüre heran, sei es in vereinfachter Form mit Übersetzungshilfen, sei es in Form leichter Originaltexte, und schauen Sie sich insbesondere die verwendeten Verbformen immer wieder bewusst an. Es zählt nicht, wie viel Sie lesen, sondern dass Sie einzelne Zeit- und Verbformen im Kontext nachvollziehen und verstehen können, was ausgedrückt werden soll.

Haben Sie O-Töne?

Lernen Sie multimedial. Hören Sie Nachrichten-Podcasts oder Songs im Originalton und wenn möglich mit Textvorlage an. Sie werden sehen, dass Sie durch das Mitlesen das Gesprochene wesentlich besser verstehen als ohne die Texthilfe. Halten Sie die Aufzeichnung gelegentlich auch mal an und schreiben Sie sich interessante Verben, auch in Verbindung mit verschiedenen Konstruktionen oder als ganze Redewendung, auf.

Verben – ab in den Koffer!

Das Spiel „Ich packe in meinen Koffer …" kennt vermutlich jeder. Falls nicht, hier die ultimative Variante zum Konjugationstraining zu zweit: Setzen Sie sich mit Ihrem Mitlerner zusammen und beginnen Sie, indem Sie eine Verbform laut sagen. Ihr Mitlerner muss diese wiederholen und eine andere Verbform hinzufügen. Dann sind wieder Sie an der Reihe mit der nächsten Verbform usw.
Der Vorteil bei dieser Trainingsform ist, dass Sie nicht nur Verbkonjugationen

und Vokabeln gleichzeitig lernen, sondern auch Ihr Gedächtnis in Schwung halten und das Ganze auf spielerische und unterhaltsame Art und Weise.

Kofferpacken für Fortgeschrittene

Wenn Sie Spaß am spielerischen Lernen gefunden haben, dann gefällt Ihnen sicher auch „Kofferpacken für Fortgeschrittene". Wenn Sie ein Verb „in den Koffer packen", dann muss Ihr Mitspieler ein Verb mit dem in der alphabetischen Reihenfolge folgenden Buchstaben dazupacken usw. Sie sind auf jeden Fall im Vorteil, denn Sie können sich ja mit den Alphabetischen Verblisten am Ende des Buches bestens auf das verbale Duell vorbereiten. Wenn Ihnen das noch nicht reicht, dann gibt es noch die ultimativ spaßige Verben-in-den-Koffer-pack-Variante: Sie vereinbaren mit Ihrem Mitspieler im Vorfeld zwei Handzeichen. Daumen nach oben heißt, dass die Verben, wie oben beschrieben, in alphabetisch aufsteigender Variante gepackt werden müssen. Daumen nach unten heißt, dass das nächste Verb mit einem Anfangsbuchstaben in alphabetisch absteigender Richtung beginnen muss. Das geht dann so lange so weiter, bis es zum nächsten Richtungswechsel kommt. Sie werden sehen, lachen ist vorprogrammiert und der Lerneffekt auch.

Verb-Memo für Einzelkämpfer zur Pärchenbildung

Um Ihrem neu entdeckten Spieltrieb keinen Abbruch zu tun, hier noch ein Spieltipp, den Sie auch alleine umsetzen können. Schreiben Sie sich die gleiche konjugierte Verbform jeweils auf zwei Kärtchen. Insgesamt sollten Sie ca. 20 bis 30 Kärtchen erstellen, die Sie dann umdrehen und mischen. Dann decken Sie ein Kärtchen auf und versuchen unter den umgedrehten Kärtchen das Pendant zu Ihrem Kärtchen zu finden. Werden Sie nicht auf Anhieb fündig, so müssen Sie die Karte wieder umdrehen. Merken Sie sich gut, auf welcher Karte sich welche Verbform befindet und verwechseln Sie sehr ähnlich aussehende Formen nicht! Wenn Sie ein Pärchen haben, dürfen Sie dieses aus dem Spiel nehmen. Das geht so lange, bis keine Karten mehr im Spiel sind. Auch hier trainieren Sie nicht nur die Konjugationen, sondern Ihr Gedächtnis und manchmal auch Ihre Geduld.

Learning by doing in freier Wildbahn

Zu guter Letzt, wenden Sie die gelernten Verben und Konjugationen aktiv an. Nehmen Sie in Blogs Kontakt auf zu anderen Lateinlernern, genießen Sie es, sich in der Fremdsprache auszutauschen, die Sie gerade lernen oder auch schon können, und freuen Sie sich über die Anerkennung, die Sie dafür bekommen, und die Kontakte, die Sie dabei knüpfen können – weil Sprachen verbinden …

Viel Spaß und Erfolg beim Konjugieren
wünscht Ihnen
Ihre Langenscheidt-Redaktion

Terminologie

Fachbegriff	Deutsche Bezeichnung
Ablativ	*6. Fall (Womit? Wodurch?)*
Ablativus absolutus	*Konstruktion aus Substantiv mit Partizip im Ablativ*
Akkusativ	*4. Fall (Wen? Was?)*
Aktiv	*Tätigkeitsform*
Dativ	*3. Fall (Wem?)*
Deklination	*Beugung eines Hauptworts*
Femininum	*weibliche Form*
Futur	*Zukunft*
Genitiv	*2. Fall (Wessen?)*
Genus	*grammatisches Geschlecht*
Gerund	*substantivierter Infinitiv*
Gerundiv	*von einem Verb abgeleitetes, passivisches Adjektiv*
Imperativ	*Befehlsform*
Imperfekt	*Vergangenheit*
Indikativ	*Wirklichkeitsform*
Infinitiv	*Grundform eines Zeitworts*
intransitives Verb	*Zeitwort ohne Akkusativobjekt*
Kompositum	*zusammengesetztes Zeitwort*
Konjugation	*Beugung eines Zeitworts*
Konjunktiv	*Form der Nicht-Wirklichkeit*
Maskulinum	*männliche Form*
Modus	*Aussageweise: Imperativ, Indikativ oder Konjunktiv*
Neutrum	*sächliche Form*
Nominativ	*1. Fall (Wer? Was?)*
Numerus	*Anzahl*
Participium coniunctum	*Partizipkonstruktion*
Partizip	*Mittelwort*
Passiv	*Leideform*
Perfekt	*vollendete Gegenwart*
Plural	*Mehrzahl*
Plusquamperfekt	*Vorvergangenheit*
Präsens	*Gegenwart*
reflexiv	*rückbezüglich auf das Subjekt*
Simplex	*einfaches Zeitwort (vgl. Kompositum)*
Singular	*Einzahl*
Tempus	*Zeit*
transitives Verb	*Zeitwort mit Akkusativobjekt*

1 Das Verb

Die Flexion eines Verbs heißt Konjugation. Bei der Konjugation unterscheidet man:
- die Person: 1., 2. und 3. Person
- den Numerus: Singular oder Plural
- den Modus (Aussageweise): Indikativ (Wirklichkeitsform), Konjunktiv (Begehr- oder Möglichkeitsform) und Imperativ (Befehlsform)
- das Tempus (Zeitstufe): Präsens, Imperfekt, Futur I, Perfekt, Plusquamperfekt, Futur II
- das Genus verbi (Zustandsform): Aktiv und Passiv

Alle Verbformen lassen sich von drei Stämmen ableiten:
- Mit dem Präsensstamm werden gebildet: Präsens, Imperfekt, Futur I Aktiv und Passiv, Imperativ I und II, Partizip Präsens Aktiv sowie Gerund und Gerundiv.
- Mit dem Perfektstamm Aktiv bildet man die Aktivformen von Perfekt, Plusquamperfekt, Futur II und Infinitiv Perfekt.
- Der Perfektstamm Passiv bildet: Partizip Perfekt Passiv, Perfekt, Plusquamperfekt, Futur II Passiv, Infinitiv Perfekt Passiv, Infinitiv Futur Aktiv und Partizip Futur Aktiv.

Der Perfektstamm Aktiv und der Perfektstamm Passiv sind verschieden gebildet. Sie müssen bei den nicht regelmäßigen Verben gesondert gelernt werden (▶ Stammformen der unregelmäßigen Verben).
Die Stammformen dieser Verben werden üblicherweise in folgender Reihenfolge angegeben: Präsensstamm (Infinitiv Präsens Aktiv: agere und 1. Person Singular Aktiv: ago) – Perfektstamm Aktiv (1. Person Singular: egi) – Perfektstamm Passiv (Partizip Perfekt im Neutrum: actum).

1.1 Die Konjugationen

Man unterscheidet fünf Konjugationen:
- ā-Konjugation: vocāre *rufen*, Präsensstamm: vocā-
- ē-Konjugation: monēre *mahnen*, Präsensstamm: monē-
- konsonantische Konjugation: tegere *bedecken*, Präsensstamm: teg-
- kurzvokalische i-Konjugation: capere *fangen*, Präsensstamm: capi-
- langvokalische i-Konjugation: audīre *hören*, Präsensstamm: audī-

1.1.1 Der Präsensstamm Aktiv und Passiv

Formen

Der Präsensstamm Aktiv

	ā-Konjug.	ē-Konjug.	kons. Konjug.	kurzvok. i-Konjug.	langvok. i-Konjug.
Präs. Ind.	vocō	moneō	tegō	capiō	audiō
	vocās	monēs	tegis	capis	audīs
	vocat	monet	tegit	capit	audit
	vocāmus	monēmus	tegimus	capimus	audīmus
	vocātis	monētis	tegitis	capitis	audītis
	vocant	monent	tegunt	capiunt	audiunt
Präs. Konj.	vocem	moneam	tegam	capiam	audiam
	vocēs	moneās	tegās	capiās	audiās
	vocet	moneat	tegat	capiat	audiat
	vocēmus	moneāmus	tegāmus	capiāmus	audiāmus
	vocētis	moneātis	tegātis	capiātis	audiātis
	vocent	moneant	tegant	capiant	audiant
Imperf. Ind.	vocābam	monēbam	tegēbam	capiēbam	audiēbam
	vocābās	monēbās	tegēbās	capiēbās	audiēbās
	vocābat	monēbat	tegēbat	capiēbat	audiēbat
	vocābāmus	monēbāmus	tegēbāmus	capiēbāmus	audiēbāmus
	vocābātis	monēbātis	tegēbātis	capiēbātis	audiēbātis
	vocābant	monēbant	tegēbant	capiēbant	audiēbant
Imperf. Konj.	vocārem	monērem	tegerem	caperem	audīrem
	vocārēs	monērēs	tegerēs	caperēs	audīrēs
	vocāret	monēret	tegeret	caperet	audīret
	vocārēmus	monērēmus	tegerēmus	caperēmus	audīrēmus
	vocārētis	monērētis	tegerētis	caperētis	audīrētis
	vocārent	monērent	tegerent	caperent	audīrent

	ā-Konjug.	ē-Konjug.	kons. Konjug.	kurzvok. i-Konjug.	langvok. i-Konjug.
Fut. I	vocā**bō**	monē**bō**	teg**am**	capi**am**	audi**am**
	vocā**bis**	monē**bis**	teg**ēs**	capi**ēs**	audi**ēs**
	vocā**bit**	monē**bit**	teg**et**	capi**et**	audi**et**
	vocā**bimus**	monē**bimus**	teg**ēmus**	capi**ēmus**	audi**ēmus**
	vocā**bitis**	monē**bitis**	teg**ētis**	capi**ētis**	audi**ētis**
	vocā**bunt**	monē**bunt**	teg**ent**	capi**ent**	audi**ent**
Imp. I	vocā	monē	teg**e**	cap**e**	audī
	vocā**te**	monē**te**	teg**ite**	cap**ite**	audī**te**
Imp. II	vocā**tō**	monē**tō**	teg**itō**	cap**itō**	audī**tō**
	vocā**tō**	monē**tō**	teg**itō**	cap**itō**	audī**tō**
	vocā**tōte**	monē**tōte**	teg**itōte**	cap**itōte**	audī**tōte**
	voca**ntō**	mone**ntō**	teg**untō**	capi**untō**	audi**untō**

Der Präsensstamm Passiv

	ā-Konjug.	ē-Konjug.	kons. Konjug.	kurzvok. i-Konjug.	langvok. i-Konjug.
Präs. Ind.	voc**or**	mone**or**	teg**or**	capi**or**	audi**or**
	vocā**ris**	monē**ris**	teg**eris**	cap**eris**	audī**ris**
	vocā**tur**	monē**tur**	teg**itur**	cap**itur**	audī**tur**
	vocā**mur**	monē**mur**	teg**imur**	cap**imur**	audī**mur**
	vocā**minī**	monē**minī**	teg**iminī**	cap**iminī**	audī**minī**
	voca**ntur**	mone**ntur**	teg**untur**	capi**untur**	audi**untur**
Präs. Konj.	voc**er**	mone**ar**	teg**ar**	capi**ar**	audi**ar**
	voc**ēris**	mone**āris**	teg**āris**	capi**āris**	audi**āris**
	voc**ētur**	mone**ātur**	teg**ātur**	capi**ātur**	audi**ātur**
	voc**ēmur**	mone**āmur**	teg**āmur**	capi**āmur**	audi**āmur**
	voc**ēminī**	mone**āminī**	teg**āminī**	capi**āminī**	audi**āminī**
	voc**entur**	mone**antur**	teg**antur**	capi**antur**	audi**antur**

	ā-Konjug.	ē-Konjug.	kons. Konjug.	kurzvok. i-Konjug.	langvok. i-Konjug.
Imperf. Ind.	vocā**bar**	monē**bar**	teg**ēbar**	capi**ēbar**	audi**ēbar**
	vocā**bāris**	monē**bāris**	teg**ēbāris**	capi**ēbāris**	audi**ēbāris**
	vocā**bātur**	monē**bātur**	teg**ēbātur**	capi**ēbātur**	audi**ēbātur**
	vocā**bāmur**	monē**bāmur**	teg**ēbāmur**	capi**ēbāmur**	audi**ēbāmur**
	vocā**bāminī**	monē**bāminī**	teg**ēbāminī**	capi**ēbāminī**	audi**ēbāminī**
	vocā**bantur**	monē**bantur**	teg**ēbantur**	capi**ēbantur**	audi**ēbantur**
Imperf. Konj.	vocā**rer**	monē**rer**	teg**erer**	cap**erer**	audī**rer**
	vocā**rēris**	monē**rēris**	teg**erēris**	cap**erēris**	audī**rēris**
	vocā**rētur**	monē**rētur**	teg**erētur**	cap**erētur**	audī**rētur**
	vocā**rēmur**	monē**rēmur**	teg**erēmur**	cap**erēmur**	audī**rēmur**
	vocā**rēminī**	monē**rēminī**	teg**erēminī**	cap**erēminī**	audī**rēminī**
	vocā**rentur**	monē**rentur**	teg**erentur**	cap**erentur**	audī**rentur**
Fut. I	vocā**bor**	monē**bor**	teg**ar**	capi**ar**	audi**ar**
	vocā**beris**	monē**beris**	teg**ēris**	capi**ēris**	audi**ēris**
	vocā**bitur**	monē**bitur**	teg**ētur**	capi**ētur**	audi**ētur**
	vocā**bimur**	monē**bimur**	teg**ēmur**	capi**ēmur**	audi**ēmur**
	vocā**biminī**	monē**biminī**	teg**ēminī**	capi**ēminī**	audi**ēminī**
	vocā**buntur**	monē**buntur**	teg**entur**	capi**ēntur**	audi**entur**

Gebrauch

Das Präsens wird verwendet für

- aktuelle Handlungen und Ereignisse:
  Servus in culinam **currit**. *Der Sklave **eilt** in die Küche.*
- allgemeingültige Aussagen:
  Errare humanum **est**. *Irren **ist** menschlich.*
- vergangene Geschehnisse (historisches Präsens):
  Res in extremum discrimen adducta est; de libertate **decernitur**. *Der Kampf trat in die entscheidende Phase; nun **kämpfte man** um die Freiheit.*

Das Imperfekt wird verwendet, um

- andauernde Handlungen in der Vergangenheit zu beschreiben:
  Multos annos Graeci Troiam **oppugnabant**. *Viele Jahre lang **belagerten** die Griechen Troja.*

- sich wiederholende Ereignisse in der Vergangenheit auszudrücken:
  Cottidie in horto **ambulabant**. *Sie **gingen** täglich im Garten **spazieren**.*
- Begleitumstände einer vergangenen Handlung (im Perfekt) zu erläutern:
  Nox **erat**, cum fur domum intravit. *Es **war** Nacht, als der Dieb das Haus betrat.*
- einen Versuch zu formulieren:
  Iam milites flumen **transibant**. *Schon **versuchten** die Soldaten, den Fluss **zu überqueren**.*

Das Futur wird verwendet für
- Vorgänge, die in der Zukunft geschehen werden:
  Proxima aestate Romam **ibo**. *Im nächsten Sommer **werde ich** nach Rom **fahren**.*
- zeitlos gültige Urteile:
  Nemo mortem **effugiet**. *Niemand **wird** dem Tod **entkommen**.*

Der Imperativ bezeichnet eine Aufforderung.
- Der Imperativ I richtet sich an die 2. Person:
  Lege! *Lies!*, Legite! *Lest!*
- Der Imperativ II wendet sich an die 2. und 3. Person:
  Legito! *Du sollst lesen!/Er soll lesen!*, Legitote! *Ihr sollt lesen!*, Legunto! *Sie sollen lesen!*

1.1.2 Der Perfektstamm Aktiv und Passiv

Formen

	Aktiv		Passiv		
Perfekt Indikativ	vocāv-	**ī**	vocāt-	**us, a, um**	**sum**
	monu-	**istī**	monit-		**es**
	tēx-	**it**	tēct-		**est**
	cēp-	**imus**	capt-	**ī, ae, a**	**sumus**
	audīv-	**istis**	audīt-		**estis**
		ērunt			**sunt**
Perfekt Konjunktiv	vocāv-	**erim**	vocāt-	**us, a, um**	**sim**
	monu-	**eris**	monit-		**sīs**
	tēx-	**erit**	tēct-		**sit**
	cēp-	**erimus**	capt-	**ī, ae, a**	**sīmus**
	audīv-	**eritis**	audīt-		**sitis**
		erint			**sint**

	Aktiv		Passiv		
Plusquamperfekt Indikativ	vocāv- monu- tēx- cēp- audīv-	**eram** **erās** **erat** **erāmus** **erātis** **erant**	vocāt- monit- tēct- capt- audīt-	**us, a, um** **ī, ae, a**	**eram** **erās** **erat** **erāmus** **erātis** **erant**
Plusquamperfekt Konjunktiv	vocāv- monu- tēx- cēp- audīv-	**issem** **issēs** **isset** **issēmus** **issētis** **issent**	vocāt- monit- tēct- capt- audīt-	**us, a, um** **ī, ae, a**	**essem** **essēs** **esset** **essēmus** **essētis** **essent**
Futur II	vocāv- monu- tēx- cēp- audīv-	**erō** **eris** **erit** **erimus** **eritis** **erint**	vocāt- monit- tēct- capt- audīt-	**us, a, um** **ī, ae, a**	**erō** **eris** **erit** **erimus** **eritis** **erunt**

Gebrauch

Das Perfekt ist das Erzähltempus der Vergangenheit und bezeichnet

- einmalige, vergangene Handlungen (historisches Perfekt):
  Postridie eius diei Caesar castra **reliquit**. *Am nächsten Tag* ***verließ*** *Caesar das Lager.*
- eine Feststellung oder ein Urteil über ein vergangenes Ereignis:
  Bene **fecisti**. *Das* ***hast*** *du gut* ***gemacht***.

Das Plusquamperfekt beschreibt ein Geschehen, das noch vor einem anderen vergangenen Ereignis liegt:
Amicus de ludis **narraverat**. Hodie eos ipse vidi. *Der Freund* ***hatte*** *mir von den Spielen* ***erzählt***. *Heute sah ich sie selbst.*

Das Futur II bezeichnet wie das Plusquamperfekt ein Geschehen, das vor Eintritt eines weiteren Geschehens in der Zukunft abgeschlossen sein wird (im Deutschen wird es mit Präsens übersetzt):
Ubi domum **venero**, epistulam scribam. *Sobald* ***ich*** *nach Hause* ***komme*** *(=* ***gekommen sein werde****), werde ich einen Brief schreiben.*

1.1.3 Die Nominalformen

Formen

	vocāre	monēre	tegere	capere	audīre
Inf. Präs. Akt.	vocā**re**	monē**re**	teg**ere**	cap**ere**	audī**re**
Inf. Perf. Akt.	vocā**visse**	mon**uisse**	tēx**isse**	cēp**isse**	audī**visse**
Inf. Fut. Akt.	vocā**tūrum**, **-am, -um esse**	moni**tūrum**, **-am, -um esse**	tēc**tūrum**, **-am, -um esse**	cap**tūrum**, **-am, -um esse**	audī**tūrum**, **-am, -um esse**
Inf. Präs. Pass.	vocā**rī**	monē**rī**	teg**ī**	cap**ī**	audī**rī**
Inf. Perf. Pass.	vocā**tum**, **-am, -um esse**	moni**tum**, **-am, -um esse**	tēc**tum**, **-am, -um esse**	cap**tum**, **-am, -um esse**	audī**tum**, **-am, -um esse**
Part. Präs. Akt.	vocā**ns**, **-ntis**	monē**ns**, **-ntis**	teg**ēns**, **-ntis**	capi**ēns**, **-ntis**	audi**ēns**, **-ntis**
Part. Fut. Akt.	vocā**tūrus**, **-a, -um**	moni**tūrus**, **-a, -um**	tēc**tūrus**, **-a, -um**	cap**tūrus**, **-a, -um**	audī**tūrus**, **-a, -um**
Part. Perf. Pass.	vocā**tus**, **-a, -um**	moni**tus**, **-a, -um**	tēc**tus**, **-a, -um**	cap**tus**, **-a, -um**	audī**tus**, **-a, -um**
Gerund	voca**ndī**, **-ndō** usw.	mone**ndī**, **-ndō** usw.	teg**endī**, **-ndō** usw.	capi**endī**, **-ndō** usw.	audi**endī**, **-ndō** usw.
Gerundiv	voca**ndus**, **-a, -um**	mone**ndus**, **-a, -um**	teg**endus**, **-a, -um**	capi**endus**, **-a, -um**	audi**endus**, **-a, -um**
Supin	voca**tum**, **-u**	moni**tum**, **-u**	tec**tum**, **-u**	cap**tum**, **-u**	audi**tum**, **-u**

Gebrauch

Mehr zur Verwendung des Infinitivs, des Partizips und des Gerundiums und Gerundivs finden Sie hier: (▷ 2, 3, 4).

1.2 Die Deponenzien

Deponenzien sind Verben, die passive Formen, aber aktive oder reflexive Bedeutung haben.
Die Formen des Partizip Präsens und Futur, Infinitiv Futur und Gerund werden aktivisch gebildet: hortāns *ermahnend*.

⚡ Die Semideponenzien solēre *pflegen*, audēre *wagen*, gaudēre *sich freuen* und cōnfīdere *vertrauen* werden im Präsensstamm aktivisch, im Perfektstamm passivisch gebildet, z. B. audeō *ich wage*, aber: ausus sum *ich habe gewagt*.
Bei revertī *zurückkehren* verhält es sich umgekehrt: revertor *ich kehre zurück*, aber: revertī *ich bin zurückgekehrt*.

Formen

Konjugationsschema zu den Verben cōnārī *versuchen*, verērī *verehren*, loquī *sprechen*, aggredi *angreifen*, largīrī *schenken*:

		ā-Konjug.	ē-Konjug.	kons. Konjug.	kurzvok. i-Konjug.	langvok. i-Konjug.
Ind.	Präs.	cōnor	vereor	loquor	aggredior	largior
		cōnāris	verēris	loqueris	aggrederis	largīris
	Imperf.	cōnābar	verēbar	loquēbar	aggrediēbar	largiēbar
	Fut. I	cōnābor, -beris	verēbor, -beris	loquar, -ēris	aggrediar, -ēris	largiar, -ēris
	Perf.	cōnātus sum	veritus sum	locūtus sum	aggressus sum	largītus sum
	Plusqu.	cōnātus eram	veritus eram	locūtus eram	aggressus eram	largītus eram
	Fut. II	cōnātus erō	veritus erō	locūtus erō	aggressus erō	largitus erō
Konj.	Präs.	cōner, -ēris	verear, -āris	loquar, -āris	aggrediar, -āris	largiar, -āris
	Imperf.	cōnārer, -rēris	verērer, -rēris	loquerer, -erēris	aggrederer, -erēris	largīrer, -rēris
	Perf.	cōnātus sim	veritus sim	locūtus sim	aggressus sim	largītus sim
	Plusqu.	cōnātus essem	veritus essem	locūtus essem	aggressus essem	largītus essem
Imp. I		cōnāre	verēre	loquere	aggredere	largīre
		cōnāminī	verēminī	loquiminī	aggrediminī	largīminī
Imp. II		cōnātor	verētor	loquitor	aggreditor	largītor
		cōnantor	verentor	loquuntor	aggrediuntor	largiuntor
Inf.	Präs.	cōnārī	verērī	loquī	aggredī	largīrī
	Perf.	cōnātum, -am, -um esse	veritum, -am, -um esse	locūtum, -am, -um esse	aggressum, -am, -um esse	largītum, -am, -um esse
	Fut.	cōnātūrum, -am, -um esse	veritūrum, -am, -um esse	locūtūrum, -am, -um esse	aggressūrum, -am, -um esse	largītūrum, -am, -um esse

		ā-Konjug.	ē-Konjug.	kons. Konjug.	kurzvok. i-Konjug.	langvok. i-Konjug.
Part.	Präs.	cōnā**ns**, **-ntis**	verē**ns**, **-ntis**	loquē**ns**, **-ntis**	aggrediē**ns**, **-ntis**	largiē**ns**, **-ntis**
	Perf.	cōnā**tus**, **-a, -um**	veri**tus**, **-a, -um**	locū**tus**, **-a, -um**	aggres**sus**, **-a, -um**	largī**tus**, **-a, -um**
	Fut.	cōnā**tūrus**, **-a, -um**	veri**tūrus**, **-a, -um**	locū**tūrus**, **-a, -um**	aggres**sūrus**, **-a, -um**	largī**tūrus**, **-a, -um**
Gerundiv		cōna**ndus**	vere**ndus**	loque**ndus**	aggredie**ndus**	largie**ndus**
Gerund		cōna**ndī**	vere**ndī**	loque**ndī**	aggredie**ndī**	largie**ndī**

2 Der Infinitiv

Der Infinitiv kann wie ein Substantiv als Subjekt und Objekt verwendet werden. Dabei kann er wie ein Verb durch Objekte ergänzt und durch Adverbien näher bestimmt werden.

2.1 Der Infinitiv als Subjekt

Gebrauch

Der Infinitiv als Subjekt steht bei unpersönlichen Verben und Ausdrücken:

Libere **dicere** licet. *Es ist erlaubt, frei **zu sprechen**.*
Errare humanum est. ***Irren** ist menschlich.*

Er steht auch in Verbindung mit einem Prädikatsnomen.
Ist kein Bezugswort (Subjekt) vorhanden, steht das Prädikatsnomen im Akkusativ:
Prodest **divitem esse**. *Es ist vorteilhaft, **reich zu sein**.*

2.2 Der Infinitiv als Objekt

Gebrauch

Der Infinitiv steht als Objekt bei Verben im Aktiv und bei Deponenzien, die eine Ergänzung durch ein Objekt benötigen, besonders bei Verben des Wollens, Könnens, Müssens, Bewirkens und Unterlassens:

Potuit in urbem **redire.** *Er konnte in die Stadt **zurückkehren.***
Conatus est litteras **scribere.** *Er versuchte einen Brief **zu schreiben.***

Das Prädikatsnomen steht im Nominativ:
Homines **beati esse** conantur. *Die Menschen versuchen, **glücklich zu sein.***

2.3 Der AcI (Akkusativ mit Infinitiv)

Gebrauch

Der AcI ist eine typisch lateinische Konstruktion. Er besteht aus einem Akkusativ und einem Infinitiv, die von einem übergeordneten Prädikat abhängig sind:
Audio **amicum venire.** *Ich höre **den Freund kommen.** = Ich höre, **dass der Freund kommt.***
Von audio ist abhängig:
- das Akkusativobjekt amicum
- der Infinitiv venire, also ein Akkusativ mit Infinitiv.

Der Akkusativ wird im Deutschen zum Subjekt des Nebensatzes, der Infinitiv wird zum Prädikat. Als Übersetzungshilfe bietet sich ein dass-Satz an.

Auch das Prädikatsnomen steht im Akkusativ:

Scimus te beat**um** esse. *Wir wissen, dass du glücklich bist.*

Ist das Subjekt des übergeordneten Satzes dasselbe wie im AcI, steht ein Reflexivpronomen:

Scit **se** aegrotum esse. ***Er** weiß, dass **er** krank ist.*
Aber: Scio **eum** aegrotum esse. ***Ich** weiß, dass **er** krank ist.*

Die drei Zeitstufen des Infinitivs im AcI bezeichnen jeweils verschiedene Zeitverhältnisse: Bei Gleichzeitigkeit der Handlungen steht der Infinitiv Präsens, bei Vorzeitigkeit des Nebensatzes der Infinitiv Perfekt und bei Nachzeitigkeit der Infinitiv Futur:

credo	**te hoc intellegere**	*ich glaube, du verstehst das*
credebam		*ich glaubte, du würdest das verstehen*
credo	**te hoc intellexisse**	*ich glaube, du hast das verstanden*
credebam		*ich glaubte, du habest das verstanden*
credo	**te hoc intellecturum esse**	*ich glaube, du wirst das verstehen*
credebam		*ich glaubte, du werdest das verstehen*

Der AcI steht:

- bei Verben und Ausdrücken des Sagens:

Mater patrem in horto esse dicit. *Mutter sagt, Vater sei im Garten.*
Amicus Gaium non valēre nuntiavit. *Der Freund meldete, dass Gaius nicht gesund sei.*

- bei Verben und Ausdrücken des Wahrnehmens und Wissens:

Scio te fidelem esse. *Ich weiß, dass du zuverlässig bist.*
Patēre tua consilia, Catilina, non sentis? *Merkst du denn nicht, Catilina, dass deine Pläne kein Geheimnis sind?*

- bei Verben und Ausdrücken der Gefühlsäußerung:

Doleo matrem tuam aegrotam esse. *Es tut mir leid, dass deine Mutter krank ist.*

- bei velle *wollen*, malle *lieber wollen*, nolle *nicht wollen*, cupere *wünschen*, studēre *sich bemühen*:

Te diutius hic versari nolo. *Ich will nicht, dass du dich noch länger hier aufhältst.*

⚡ Optare *wünschen* steht immer mit ut:
Non **opto**, **ut** diutius hic verseris. ***Ich wünsche** nicht, **dass** du dich noch länger hier aufhältst.*

- bei unpersönlichen Ausdrücken:

oportet *es gehört sich*
opus est *es ist nötig*
necesse est *es ist notwendig*
apparet *es ist offenbar*
constat *es ist bekannt*

Apparet te mentitum esse. *Du hast offenbar gelogen.*

⚡ Nach sperare *hoffen*, promittere/pollicēri *versprechen*, iurare *schwören* und minari *drohen* steht im AcI der Infinitiv Futur, im Deutschen dagegen meist Präsens:
Spero te venturum esse. *Ich hoffe, (dass) du kommst.*

ℹ Nach Verben der Sinneswahrnehmung kann statt des AcI auch der Akkusativ mit Partizip (AcP) stehen, wenn eine unmittelbare Wahrnehmung ausgedrückt werden soll:
Audio te loquentem. *Ich höre, dass (= wie) du sprichst.*

2.4 Der NcI (Nominativ mit Infinitiv)

Gebrauch

Treten die Verben, nach denen der AcI als Objekt steht, ins Passiv und werden persönlich konstruiert, wird statt des AcI der NcI verwendet. Er steht bei Verben des Sagens, Glaubens, Berichtens oder Überlieferns im Passiv:
Videris verum non dicere. *Du scheinst nicht die Wahrheit zu sagen.*
Beati esse dicimini. *Es heißt, ihr seid glücklich.*
Troia decem annos a Graecis obsessa esse fertur. *Man erzählt, Troia sei zehn Jahre lang von den Griechen belagert worden.*

3 Das Partizip

Das Partizip kann die Funktion eines Adjektivs und eines Verbs haben. Es richtet sich in beiden Fällen in Kasus, Numerus und Genus nach seinem Bezugswort.
Es kann aktive oder passive Form haben.

Formen und Gebrauch

Wird das Partizip verbal gebraucht, gibt sein Tempus das Zeitverhältnis zwischen dem Vorgang des Partizips und dem des übergeordneten Verbs an: Das Partizip Präsens erfasst einen gleichzeitigen Vorgang, das Partizip Perfekt einen vorzeitigen Vorgang und das Partizip Futur einen nachzeitigen Vorgang.

gleichzeitig:	**scribens** taceo	*ich schweige, während ich schreibe*
vorzeitig:	**locutus** taceo	*ich schweige, nachdem ich gesprochen habe*
nachzeitig:	**adiuturus** venio	*ich komme, weil ich helfen will*

Das Partizip kann
- attributiv:
  homines appetentes gloriae *nach Ruhm strebende Menschen*
- oder prädikativ verwendet werden:
  Multi appetentes gloriae sunt. *Viele sind ruhmgierig.*

3.1 Das Participium coniunctum

Gebrauch

Als Participium coniunctum bezeichnet man ein Partizip, das sich auf einen Satzteil bezieht und in der Regel durch ein Objekt oder eine Adverbiale erweitert ist:

Caesar milites suos **cohortatus** proelium commisit. *Cäsar **ermutigte** seine Soldaten **und** begann **dann** den Kampf.*
Milites multos homines in his oppidis **habitantes** occiderunt. *Die Soldaten töteten viele Menschen, **die** in diesen Städten **wohnten**.*

⚡ Der logische Zusammenhang der Partizipialkonstruktion zum gesamten Satz muss aus dem Kontext erschlossen werden. Er kann temporal, kausal, konditional, konzessiv, modal oder final (Partizip Futur Aktiv) sein:

temporal:	Troia decem annos obsessa denique a Graecis expugnata est. ***Nachdem** Troia zehn Jahre lang belagert worden war, wurde es schließlich von den Griechen erobert.*
kausal:	Tibi nos in summo periculo tutato grati sumus. *Wir sind dir dankbar, **weil** du uns in höchster Gefahr beschützt hast.*
konditional:	Te ducem sequentes certe aberrabimus. ***Wenn** wir dir als Führer folgen, werden wir sicher in die Irre gehen.*
konzessiv:	Auxilium tuum nobis pollicitus non adiuvisti. ***Obwohl** du uns deine Hilfe versprochen hast, hast du uns nicht geholfen.*
modal:	Multi te id non sentientem observant. *Viele beobachten dich, **ohne dass** du es merkst.*

💡 Übersetzt werden kann das Participium coniunctum mit einem Nebensatz, einem beigeordneten Hauptsatz oder einem präpositionalen Ausdruck:

	Servus a domino laudatus non gavisus est.
Nebensatz:	*Obwohl der Sklave von seinem Herrn gelobt worden war, freute er sich nicht.*
präpositional:	*Trotz des Lobes seines Herrn freute sich der Sklave nicht.*
beigeordnet:	*Der Sklave wurde von seinem Herrn gelobt; dennoch freute er sich nicht.*

3.2 Der Ablativus absolutus

Gebrauch

💡 Der Ablativus absolutus ist ein Ablativ mit einem prädikativen Partizip. Wie das Participium coniunctum ist er eine Satzverkürzung, die eine adverbiale Bestimmung enthält:

Ponte aedificato milites flumen transierunt. = **Postquam pons aedificatus est,** milites flumen transierunt. ***Nachdem die Brücke erbaut worden war,** überquerten die Soldaten den Fluss.*

Im Unterschied zum Participium coniunctum ist der Ablativus absolutus nicht von einem Glied des übrigen Satzes abhängig. Daher kann man ihn in der Übersetzung von der Konstruktion des Satzes lösen. Sinnrichtung und Übersetzung erfolgen ähnlich wie beim Participium coniunctum (▷ 3.1):

Troiā deletā Graeci in patriam navigaverunt. ***Nachdem Troia zerstört worden war,*** *segelten die Griechen nach Hause zurück./****Nach der Zerstörung Trojas*** *segelten die Griechen nach Hause zurück.*

Multis foris **clamantibus** somnum capere non potui. ***Weil draußen viele lärmten,*** *konnte ich nicht einschlafen.*

Beim Ablativus absolutus bezeichnet das Partizip das Zeitverhältnis des Begleitumstandes zur Haupthandlung:

Sole oriente profecti sumus. ***Bei Sonnenaufgang*** *brachen wir auf.*
Sole orto profecti sumus. ***Nach Sonnenaufgang*** *brachen wir auf.*

Statt eines Ablativus absolutus kann auch ein prädikativ gebrauchtes Substantiv oder Adjektiv im Ablativ stehen (nominale Wendungen statt Partizip):

Caesare duce *unter der Führung Cäsars*
Hannibale vivo *zu Lebzeiten des Hannibal*
me invito/nobis invitis *gegen meinen/unseren Willen*

4 Gerund und Gerundiv

Das Lateinische verfügt über zwei sogenannte nd-Formen, das Gerund und das Gerundiv. Das Gerund ist ein Verbalsubstantiv, das Gerundiv ein Verbaladjektiv mit passivischer Bedeutung.

4.1 Das Gerund

Das Gerund als substantivierter Infinitiv Präsens Aktiv tritt im Genitiv, Akkusativ und Ablativ auf; der Dativ erscheint ganz selten.

Formen und Gebrauch

Das Gerund kommt nur im Singular vor.

Nom.:	**Natare** me delectat.	***Schwimmen** macht mir Spaß.*
Gen.:	Facultas **natandi** hominibus data est.	*Die Fähigkeit **zu schwimmen** ist den Menschen gegeben.*
Akk.:	Piscis **ad natandum** natus est.	*Der Fisch ist **zum Schwimmen** geboren.*
Abl.:	**Natando** corpus firmamus.	***Durch das Schwimmen** werden wir kräftig.*

Das Gerund im Genitiv steht bei Substantiven als Attribut und bei Adjektiven, die ihre Ergänzung im Genitiv haben, sowie bei den Ablativen causā und gratiā *um ... willen*:

ars scribendi *die Kunst zu schreiben/des Schreibens*
cupidus videndi *begierig zu sehen*
loquendi causā *um des Sprechens willen/um zu sprechen*

Das Gerund im Akkusativ steht nur bei Präpositionen, meistens mit ad zur Bezeichnung eines Zweckes, besonders bei natus *geboren*, paratus *bereit*, aptus/idoneus *geeignet*, facilis *leicht* und iucundus *angenehm*:
Hic locus ad requiescendum idoneus est. *Dieser Ort ist zum Ausruhen geeignet.*

Das Gerund im Ablativ steht mit oder ohne Präposition, besonders häufig mit in und de:

Docendo discimus. *Durch Lehren lernen wir.*
in cogitando *beim Nachdenken*

Das Gerund kann auch mit Adverbien, Adverbialen und Objekten verbunden sein:

ars recte scribendi *die Kunst, richtig zu schreiben*
consilium ex urbe exeundi *der Entschluss, die Stadt zu verlassen*
spes epistulam accipiendi *die Hoffnung, einen Brief zu bekommen*

4.2 Das Gerundiv

Gebrauch

Mit dem Gerundiv wird ausgedrückt, dass etwas getan werden soll oder muss bzw., wenn es verneint ist, dass etwas nicht getan werden darf. Es hat auch bei Deponenzien passive Bedeutung:

laudandus *ein zu lobender/einer, der gelobt werden muss*
Victoria admiranda est. *Der Sieg ist bewunderungswürdig.*
Artificium delendum non est. *Das Kunstwerk darf nicht zerstört werden.*

Bei transitiven Verben wird das Gerundiv persönlich konstruiert. Die Person, die etwas tun muss oder nicht darf, steht im Dativ:
Victoria **nobis** celebranda est. *Der Sieg muss **von uns** gefeiert werden.*

Bei intransitiven Verben ist das Gerundiv unpersönlich, d. h. es wird im Neutrum mit der 3. Person Singular von esse verwendet:
Cum ea gloria **vivendum** atque **moriendum erat.** *Mit diesem Ruhm **musste man leben** und **sterben.***

Achten Sie auf den Sinnzusammenhang:
Vobis parendum est kann sowohl heißen *Ihr müsst gehorchen* (vobis = Dativus auctoris) als auch *Es muss euch gehorcht werden* (vobis = Dativobjekt).

4.2.1 Attributive Verwendung

Das attributive Gerundiv wird hauptsächlich von transitiven Verben gebildet: liber legendus *ein lesenswertes Buch*, consilium urbis relinquendae *der Entschluss, die Stadt zu verlassen*.

Attributiv verwendet wird das Gerundiv u. a. auch bei präpositionalen Ausdrücken, besonders mit in, de und ad:

In libro legendo addormivit. ***Beim Lesen des Buches** schlief sie ein.*
Locum idoneum **ad animum reficiendum** quaerimus. *Wir suchen einen geeigneten Ort **zur Erholung**.*

4.2.2 Prädikative Verwendung

Das Gerundiv bildet häufig zusammen mit einer Form von esse das Prädikat:
Liber tibi legendus non est. *Du darfst das Buch nicht lesen.*

Bei einigen Verben des Übergebens und Überlassens bezeichnet das Gerundiv den Zweck einer Handlung. Dazu gehören: dare *geben*, tradere *übergeben*, mittere *schicken*, suscipere *übernehmen*, committere *anvertrauen*, permittere/concedere *überlassen*, relinquere *zurücklassen* und curare *(besorgen) lassen*:

Caesar pontem in flumine **faciendum curat.** *Cäsar **lässt** eine Brücke über den Fluss **bauen**.*
Domūs fabris **restituendae** permissae sunt. *Die Häuser wurden den Handwerkern **zum Wiederaufbau** überlassen.*

5 Das Supin

Formen und Gebrauch

Das Supin wird wie das Partizip Perfekt Passiv gebildet mit der unveränderlichen Endung -um oder -u.

Insbesondere nach Verben der Bewegung bezeichnet das Supin auf -um den Zweck einer Handlung und kann im Deutschen mit *um zu* wiedergegeben werden:

Puellae **spectatum** veniunt. *Die Mädchen kommen, **um zu schauen**.*

Das Supin auf -u erscheint nur bei wenigen Verben und nur in Verbindung mit bestimmten Ausdrücken. Als Übersetzung bietet sich *zu* mit Infinitiv an:

Hoc horribile est **auditu**. *Das ist scheußlich **zu hören**.*

6 Der Gebrauch der Modi

6.1 Der Indikativ

Der Indikativ beschreibt die Wirklichkeit. Ein Sonderfall ist der Realis: Hier steht im Lateinischen der Indikativ, im Deutschen der Konjunktiv:
Paene **cecidi**. *Beinahe **wäre ich gefallen**.*

6.2 Der Konjunktiv im Hauptsatz

Der Konjunktiv im Hauptsatz kann Folgendes beinhalten:
- Hortativ/Jussiv: Aufforderungen an die 1. Person Plural/3. Person Singular oder Plural stehen im Konjunktiv Präsens:

Ergo vivamus! *Lasst uns also leben!*
Taceat! *Er möge schweigen!*
Videant consules! *Die Konsuln mögen dafür sorgen!*

- Prohibitiv: Verbote an die 2. Person werden durch ne mit Konjunktiv Perfekt ausgedrückt:

Ne cunctati sitis! *Zögert nicht!*

Ein Verbot kann auch durch noli/nolite mit Infinitiv Präsens ausgedrückt sein:

Noli me tangere! *Rühr mich nicht an!*

- Optativ: Als erfüllbar betrachtete Wünsche der Gegenwart stehen im Konjunktiv Präsens oft mit velim/utinam, Wünsche der Vergangenheit im Konjunktiv Perfekt:

Velim/Utinam veniatis! *Hoffentlich kommt ihr!*
Velim/Utinam amicus incolumis redierit! *Hoffentlich ist mein Freund unversehrt zurückgekommen!*

Als unerfüllbar betrachtete Wünsche der Gegenwart sind ausgedrückt durch vellem/utinam mit Konjunktiv Imperfekt, Wünsche der Vergangenheit mit Konjunktiv Plusquamperfekt:

Vellem/Utinam adessetis! *Ich wollte, ihr wäret da!*
Vellem/Utinam affuissetis! *Wenn ihr nur da gewesen wäret!*

- Potenzialis: Eine abgeschwächte Behauptung der Gegenwart steht im Konjunktiv Präsens/Perfekt, der Vergangenheit im Konjunktiv Imperfekt:

Nemo hoc credat/crediderit. *Das dürfte wohl niemand glauben.*
Hoc non putaretis. *Das hättet ihr wohl nicht geglaubt.*

- Irrealis: Eine als unmöglich betrachtete Annahme der Gegenwart steht im Konjunktiv Imperfekt, eine Annahme der Vergangenheit im Konjunktiv Plusquamperfekt:

Sine piratis mare tutum esset. *Ohne Piraten wäre das Meer sicher.*
Si tacuisses, … *Wenn du geschwiegen hättest, …*

- Deliberativ: Die in der 1. Person Singular oder Plural an sich selbst gerichtete Überlegung des/der Fragenden steht im Konjunktiv Präsens für die Gegenwart und im Konjunktiv Imperfekt für die Vergangenheit.

Quid faciam? *Was soll ich tun?*
Quid facerem? *Was hätte ich denn tun sollen?*

6.3 Der Konjunktiv im Nebensatz

Im Nebensatz steht der Konjunktiv nach bestimmten Konjunktionen, in der indirekten Frage und in den Nebensätzen der indirekten Rede. Im Relativsatz kann der Konjunktiv eine subjektive Färbung des Gesagten ausdrücken.

1 superare *überwinden, besiegen*

Musterkonjugation; Regelmäßiges Verb der a-Konjugation; Aktiv

Präsensstamm

Indikativ Präsens
super**o**
supera**s**
supera**t**
supera**mus**
supera**tis**
supera**nt**

Indikativ Imperfekt
supera**bam**
supera**bas**
supera**bat**
supera**bamus**
supera**batis**
supera**bant**

Futur I
supera**bo**
supera**bis**
supera**bit**
supera**bimus**
supera**bitis**
supera**bunt**

Konjunktiv Präsens
super**em**
super**es**
super**et**
super**emus**
super**etis**
super**ent**

Konjunktiv Imperfekt
supera**rem**
supera**res**
supera**ret**
supera**remus**
supera**retis**
supera**rent**

Perfektstamm

Indikativ Perfekt
supera**vi**
supera**visti**
supera**vit**
supera**vimus**
supera**vistis**
supera**verunt**

Indikativ Plusquamperfekt
supera**veram**
supera**veras**
supera**verat**
supera**veramus**
supera**veratis**
supera**verant**

Futur II
supera**vero**
supera**veris**
supera**verit**
supera**verimus**
supera**veritis**
supera**verint**

Konjunktiv Perfekt
supera**verim**
supera**veris**
supera**verit**
supera**verimus**
supera**veritis**
supera**verint**

Konjunktiv Plusquamperfekt
supera**vissem**
supera**visses**
supera**visset**
supera**vissemus**
supera**vissetis**
supera**vissent**

Nominalformen

Infinitiv Perfekt
supera**visse**

Infinitiv Futur
supera**turum, -am, -um esse**

Partizip Präsens
supera**ns**
supera**ntis**

Partizip Futur
supera**turus, -a, -um**

Gerund
supera**ndi**
(ad) supera**ndum**
supera**ndo**

Supin
supera**tum**
supera**tu**

Imperativ

Imperativ I
supera
supera**te**

Imperativ II
supera**to**
supera**to**
supera**tote**
supera**nto**

Anwendungsbeispiele

Qui in morbum inciderant, haud facile septimum diem **superabant**. *Diejenigen, die krank geworden waren, **überlebten** kaum sieben Tage.*

Numero hostes, virtute Romani **superabant**. *An Zahl **waren** die Feinde, an Tapferkeit **waren** die Römer **überlegen**.*

Cicero **superavit** dignitate Catilinam, gratia Galbam. *Cicero **übertraf** Catilina an Würde und Galba an Beliebtheit.*

XVII dierum spatio Caucasum **superaverunt** milites. *In einem Zeitraum von 17 Tagen **überwanden** die Soldaten den Kaukasus.*

Etiam si multi mecum contendent, tamen omnes facile **superabo**. *Auch wenn viele mit mir wetteifern, **werde** ich dennoch alle leicht **besiegen**.*

Iram Iunonis supplicibus **supera** votis! ***Bezwinge** Junos Zorn mit demütigen Gebeten!*

Sprichwörter

Iracundiam qui vincit, hostem **superat** maximum. *Wer seinen Jähzorn besiegt, **besiegt** seinen größten Feind.*

Ähnliche Verben

debellare *niederringen*
(de)vincere *(völlig) besiegen*
expugnare *erobern*
praestare mit Dativ *übertreffen*
subicere *unterwerfen*
subigere *unterwerfen*
superior esse *überlegen sein*

Aufgepasst!

Das Verb superare hat ein breites Bedeutungsspektrum. Die jeweils richtige Bedeutung erschließt sich daher oft erst aus einer genauen Analyse des Kontexts.

Tipps & Tricks

So finden Sie die passende Bedeutung:
superare ohne Objekt: *überlegen sein*
mit Akkusativobjekt (Person): *besiegen*
mit Akkusativobjekt (Ort): *überwinden*
mit Akkusativobjekt und Ablativ: *übertreffen (in/an etw.)*

Anmerkungen:

2 superari *überwunden werden, besiegt werden*

Musterkonjugation; Regelmäßiges Verb der a-Konjugation; Passiv

Präsensstamm

Indikativ Präsens
super**or**
super**aris**
supera**tur**
supera**mur**
supera**mini**
supera**ntur**

Indikativ Imperfekt
supera**bar**
supera**baris**
supera**batur**
supera**bamur**
supera**bamini**
supera**bantur**

Futur I
supera**bor**
supera**beris**
supera**bitur**
supera**bimur**
supera**bimini**
supera**buntur**

Konjunktiv Präsens
super**er**
super**eris**
super**etur**
super**emur**
super**emini**
super**entur**

Konjunktiv Imperfekt
supera**rer**
supera**reris**
supera**retur**
supera**remur**
supera**remini**
supera**rentur**

Perfektstamm

Indikativ Perfekt
supera**tus, -a, -um sum**
supera**tus, -a, -um es**
supera**tus, -a, -um est**
supera**ti, -ae, -a sumus**
supera**ti, -ae, -a estis**
supera**ti, -ae, -a sunt**

Indikativ Plusquamperfekt
supera**tus, -a, -um eram**
supera**tus, -a, -um eras**
supera**tus, -a, -um erat**
supera**ti, -ae, -a eramus**
supera**ti, -ae, -a eratis**
supera**ti, -ae, -a erant**

Futur II
supera**tus, -a, -um ero**
supera**tus, -a, -um eris**
supera**tus, -a, -um erit**
supera**ti, -ae, -a erimus**
supera**ti, -ae, -a eritis**
supera**ti, -ae, -a erunt**

Konjunktiv Perfekt
supera**tus, -a, -um sim**
supera**tus, -a, -um sis**
supera**tus, -a, -um sit**
supera**ti, -ae, -a simus**
supera**ti, -ae, -a sitis**
supera**ti, -ae, -a sint**

Konjunktiv Plusquamperfekt
supera**tus, -a, -um essem**
supera**tus, -a, -um esses**
supera**tus, -a, -um esset**
supera**ti, -ae, -a essemus**
supera**ti, -ae, -a essetis**
supera**ti, -ae, -a essent**

Nominalformen

Infinitiv Perfekt
supera**tum, -am, -um esse**

Partizip Perfekt
supera**tus, -a, -um**

Gerundiv
supera**ndus, -a, -um**

Anwendungsbeispiele

Latini ingenti pugna **superati sunt**. *Die Latiner **wurden** in einer gewaltigen Schlacht **besiegt**.*

Hannibal navium multitudine **superabatur**. *An der Anzahl der Schiffe **war** Hannibal **unterlegen**.*

Vado **superari** amnis non poterat. *An einer Furt konnte der Fluss nicht **überquert werden**.*

Romani nocte muro **superato** in forum pervenerunt. *In der Nacht gelangten die Römer, nachdem sie die Mauer **überwunden hatten**, auf das Forum.*

Philippum Macedonum regem rebus gestis et gloria a filio **superatum esse** video. *Ich sehe, dass König Philipp von Makedonien von seinem Sohn an Heldentaten und Ruhm **übertroffen worden ist**.*

Sprichwörter

Superari a superiore pars est gloriae. ***Sich** von einem Überlegenen **besiegen zu lassen**, ist Teil des Ruhms.*

Ähnliche Verben

cladem accipere *eine Niederlage erleiden*
se dedere *sich ergeben*
inferior esse *unterlegen sein*
subici *unterworfen werden*
subigi *bezwungen werden*
vinci *besiegt werden*

Gebrauch

Beim Passiv wird im Lateinischen die Person, die die Handlung hervorruft, mit der Präposition a (ab) mit Ablativ angeschlossen.

Alexander **a Philippo patre** facilitate et humanitate superatus est. *Alexander wurde **von seinem Vater Philipp** an Umgänglichkeit und Herzensbildung übertroffen.*

Anmerkungen:

3 terrere *(jdn.) erschrecken*

Musterkonjugation;
Regelmäßiges Verb der e-Konjugation; Aktiv

Präsensstamm

Indikativ Präsens
terreo
terres
terret
terremus
terretis
terrent

Indikativ Imperfekt
terrebam
terrebas
terrebat
terrebamus
terrebatis
terrebant

Futur I
terrebo
terrebis
terrebit
terrebimus
terrebitis
terrebunt

Konjunktiv Präsens
terream
terreas
terreat
terreamus
terreatis
terreant

Konjunktiv Imperfekt
terrerem
terreres
terreret
terreremus
terreretis
terrerent

Perfektstamm

Indikativ Perfekt
terrui
terruisti
terruit
terruimus
terruistis
terruerunt

Indikativ Plusquamperfekt
terrueram
terrueras
terruerat
terrueramus
terrueratis
terruerant

Futur II
terruero
terrueris
terruerit
terruerimus
terrueritis
terruerint

Konjunktiv Perfekt
terruerim
terrueris
terruerit
terruerimus
terrueritis
terruerint

Konjunktiv Plusquamperfekt
terruissem
terruisses
terruisset
terruissemus
terruissetis
terruissent

Nominalformen

Infinitiv Perfekt
terruisse

Infinitiv Futur
territurum, -am, -um esse

Partizip Präsens
terrens
terrentis

Partizip Futur
territurus, -a, -um

Gerund
terrendi
(ad) terrendum
terrendo

Supin
territum
territu

Imperativ

Imperativ I	Imperativ II
terre	terreto
terrete	terreto
	terretote
	terrento

Anwendungsbeispiele

Quem non ille ducem potuit **terrere** tumultus? *Welchen Feldherren hätte dieser Tumult nicht* ***erschrecken*** *können?*
Nec aspera nos **terrent**. *Auch Schwierigkeiten* ***schrecken*** *uns nicht.*
Sapientem nihil **terrebit**. *Den Weisen* ***wird*** *nichts* ***schrecken****.*
Hostes urbem incendiis **terruerunt**. *Die Feinde* ***versetzten*** *die Stadt durch Brandstiftung* ***in Schrecken****.*
Clamor nuntium **terruerat**, ne castra intraret. *Das Geschrei* ***hatte*** *den Boten davon* ***abgeschreckt****, das Lager zu betreten.*
Haec ei cura vel **terrenti** optimates vel iam timenti fuit. *Dies war seine Sorge,* ***während er*** *die Optimaten* ***erschreckte*** *oder schon fürchtete.*

Redewendungen

terrere, ne *davon abschrecken, dass*
a bello terrere *vom Krieg abschrecken*
metu terrere *durch Einschüchterung verschrecken*
minis terrere *durch Drohungen einschüchtern*
per totam urbem terrere *durch die ganze Stadt scheuchen*

Ähnliche Verben

sollicitare *beunruhigen*
absterrere *verjagen, verscheuchen*
deterrere a(b) *abhalten von*
exterrere *aufscheuchen, einschüchtern*
perterrere *heftig erschrecken*

Aufgepasst!

Das lateinische Verb terrēre ist transitiv und bedeutet in seinen Aktivformen immer *jd. anderen erschrecken* (*ich erschrecke*, *du erschreckst* ...). Das deutsche *erschrecken* (*ich erschrecke*, *du erschrickst* ...) im Sinne von *selbst einen Schreck bekommen* entspricht im Lateinischen den Passivformen von terrere (siehe terreri).

Anmerkungen:

4 terreri *erschreckt werden, (sich) erschrecken*

Musterkonjugation; Regelmäßiges Verb der e-Konjugation; Passiv

Präsensstamm

Indikativ Präsens
terre**or**
terre**ris**
terre**tur**
terre**mur**
terre**mini**
terre**ntur**

Indikativ Imperfekt
terre**bar**
terre**baris**
terre**batur**
terre**bamur**
terre**bamini**
terre**bantur**

Futur I
terre**bor**
terre**beris**
terre**bitur**
terre**bimur**
terre**bimini**
terre**buntur**

Konjunktiv Präsens
terre**ar**
terre**aris**
terre**atur**
terre**amur**
terre**amini**
terre**antur**

Konjunktiv Imperfekt
terre**rer**
terre**reris**
terre**retur**
terre**remur**
terre**remini**
terre**rentur**

Perfektstamm

Indikativ Perfekt
terr**itus, -a, -um sum**
terr**itus, -a, -um es**
terr**itus, -a, -um est**
terr**iti, -ae, -a sumus**
terr**iti, -ae, -a estis**
terr**iti, -ae, -a sunt**

Indikativ Plusquamperfekt
terr**itus, -a, -um eram**
terr**itus, -a, -um eras**
terr**itus, -a, -um erat**
terr**iti, -ae, -a eramus**
terr**iti, -ae, -a eratis**
terr**iti, -ae, -a erant**

Futur II
terr**itus, -a, -um ero**
terr**itus, -a, -um eris**
terr**itus, -a, -um erit**
terr**iti, -ae, -a erimus**
terr**iti, -ae, -a eritis**
terr**iti, -ae, -a erunt**

Konjunktiv Perfekt
terr**itus, -a, -um sim**
terr**itus, -a, -um sis**
terr**itus, -a, -um sit**
terr**iti, -ae, -a simus**
terr**iti, -ae, -a sitis**
terr**iti, -ae, -a sint**

Konjunktiv Plusquamperfekt
terr**itus, -a, -um essem**
terr**itus, -a, -um esses**
terr**itus, -a, -um esset**
terr**iti, -ae, -a essemus**
terr**iti, -ae, -a essetis**
terr**iti, -ae, -a essent**

Nominalformen

Infinitiv Perfekt
terr**itum, -am, -um esse**

Partizip Perfekt
terr**itus, -a, -um**

Gerundiv
terre**ndus, -a, -um**

Anwendungsbeispiele

Non precibus tuis, non minis **terreor**. ***Ich lasse mich*** *nicht von deinen Bitten und nicht von deinen Drohungen* ***einschüchtern****.*
Ad omnes strepitus **terreor**. ***Ich erschrecke*** *bei jedem Geräusch.*
Vos metu gravioris servitii a repetenda libertate **terremini**. ***Ihr lasst euch*** *aus Angst vor noch schlimmerer Knechtschaft* ***davon abschrecken****, die Freiheit zurückzufordern.*
Ne **territus fueris**! ***Erschrick*** *nicht!/****Bekomme*** *keinen* ***Schreck****!*
Consul parum prospere adversus Pyrrhum pugnavit elephantorum inusitata facie **territis** militibus. *Der Konsul kämpfte erfolglos gegen Pyrrhus,* ***weil*** *seine Soldaten vom ungewohnten Anblick der Elefanten* ***erschreckt waren****.*

Redewendungen

metu terreri *in Angst (und Schrecken) versetzt werden*
minis terreri *sich von Drohungen einschüchtern lassen*

Ähnliche Verben

horrere *erschaudern, sich entsetzen*
metuere *fürchten*
pavere *zittern, sich ängstigen*
pavescere *erschrecken, sich ängstigen*
pertimescere *in Furcht geraten*
timere *fürchten*
trepidare *sich ängstigen, unruhig hin und her laufen*

Gebrauch

Das passive terreri heißt, vor allem wenn ein Urheber angegeben ist, im Deutschen zunächst *erschreckt werden*. Häufig bietet sich allerdings eine Übersetzung mit *lassen* (z. B. *sich abschrecken lassen*) an. Ist kein Verursacher angegeben, kann auch eine Übersetzung mit dem intransitiven Verb *erschrecken* (*ich erschrecke*, *du erschrickst* ...) möglich sein.

Anmerkungen:

5 petere *erstreben, zu erreichen suchen*

Musterkonjugation; Regelmäßiges Verb der konsonantischen Konjugation; Aktiv

Präsensstamm

Indikativ Präsens
pet**o**
pet**is**
pet**it**
pet**imus**
pet**itis**
pet**unt**

Indikativ Imperfekt
pet**ebam**
pet**ebas**
pet**ebat**
pet**ebamus**
pet**ebatis**
pet**ebant**

Futur I
pet**am**
pet**es**
pet**et**
pet**emus**
pet**etis**
pet**ent**

Konjunktiv Präsens
pet**am**
pet**as**
pet**at**
pet**amus**
pet**atis**
pet**ant**

Konjunktiv Imperfekt
pet**erem**
pet**eres**
pet**eret**
pet**eremus**
pet**eretis**
pet**erent**

Perfektstamm

Indikativ Perfekt
pet**ivi**
pet**ivisti**
pet**ivit**
pet**ivimus**
pet**ivistis**
pet**iverunt**

Indikativ Plusquamperfekt
pet**iveram**
pet**iveras**
pet**iverat**
pet**iveramus**
pet**iveratis**
pet**iverant**

Futur II
pet**ivero**
pet**iveris**
pet**iverit**
pet**iverimus**
pet**iveritis**
pet**iverint**

Konjunktiv Perfekt
pet**iverim**
pet**iveris**
pet**iverit**
pet**iverimus**
pet**iveritis**
pet**iverint**

Konjunktiv Plusquamperfekt
pet**ivissem**
pet**ivisses**
pet**ivisset**
pet**ivissemus**
pet**ivissetis**
pet**ivissent**

Nominalformen

Infinitiv Perfekt
pet**ivisse**

Infinitiv Futur
pet**iturum, -am, -um esse**

Partizip Präsens
pet**ens**
pet**entis**

Partizip Futur
pet**iturus, -a, -um**

Gerund
pet**endi**
(ad) pet**endum**
pet**endo**

Supin
pet**itum**
pet**itu**

Imperativ

Imperativ I
pet**e**
pet**ite**

Imperativ II
pet**ito**
pet**ito**
pet**itote**
pet**unto**

Anwendungsbeispiele

Peto a te, ut mihi ignoscas. ***Ich bitte*** *dich, mir zu verzeihen.*
Saepe regiones calidiores **petimus**. *Oft* ***besuchen wir*** *wärmere Gegenden.*
Dente lupus, cornu taurus **petit**. *Der Wolf* ***greift*** *mit den Zähnen, der Stier mit den Hörnern* ***an****.*
Ab amicis honesta **petamus**! ***Erbitten wir*** *von den Freunden Ehrenhaftes!*
Catilina frustra consulatum **petivit**. *Catilina* ***bewarb sich*** *vergebens* ***um*** *das Konsulat.*
Praesidium a vobis **petivissemus**, si adfuissetis. ***Wir hätten*** *von euch Schutz* ***verlangt****, wenn ihr da gewesen wäret.*
Multa **petentibus** multa desunt. *Wer viel* ***fordert****, dem fehlt auch viel.*

Redewendungen

consilium petere ab aliquo *sich bei jdm. Rat holen*
consulatum petere *sich um das Konsulat bewerben*
hostes (armis) petere *die Feinde angreifen*
Romam petere *nach Rom eilen*
fugā salutem petere *sein Heil in der Flucht suchen*
veniam petere *um Nachsicht bitten*
virginem petere *ein Mädchen begehren*

Ähnliche Verben

appetere *begehren, angreifen*
expetere *erstreben*
oppetere *entgegengehen*
repetere *zurückverlangen, wiederholen*
suppetere *reichlich vorhanden sein, zur Verfügung stehen*

Aufgepasst!

Oft entfällt das Perfektkennzeichen v. Sie finden also an Stelle von pet**ivi** auch pet**ii**, pet**iisti** … pet**ierunt**.

Anmerkungen:

6 peti *erstrebt werden*

Musterkonjugation;
Regelmäßiges Verb der konsonantischen Konjugation; Passiv

Präsensstamm

Indikativ Präsens
petor
peteris
petitur
petimur
petimini
petuntur

Indikativ Imperfekt
petebar
petebaris
petebatur
petebamur
petebamini
petebantur

Futur I
petar
petēris
petetur
petemur
petemini
petentur

Konjunktiv Präsens
petar
petāris
petatur
petamur
petamini
petantur

Konjunktiv Imperfekt
peterer
peterēris
peteretur
peteremur
peteremini
peterentur

Perfektstamm

Indikativ Perfekt
petitus, -a, -um sum
petitus, -a, -um es
petitus, -a, -um est
petiti, -ae, -a sumus
petiti, -ae, -a estis
petiti, -ae, -a sunt

Indikativ Plusquamperfekt
petitus, -a, -um eram
petitus, -a, -um eras
petitus, -a, -um erat
petiti, -ae, -a eramus
petiti, -ae, -a eratis
petiti, -ae, -a erant

Futur II
petitus, -a, -um ero
petitus, -a, -um eris
petitus, -a, -um erit
petiti, -ae, -a erimus
petiti, -ae, -a eritis
petiti, -ae, -a erunt

Konjunktiv Perfekt
petitus, -a, -um sim
petitus, -a, -um sis
petitus, -a, -um sit
petiti, -ae, -a simus
petiti, -ae, -a sitis
petiti, -ae, -a sint

Konjunktiv Plusquamperfekt
petitus, -a, -um essem
petitus, -a, -um esses
petitus, -a, -um esset
petiti, -ae, -a essemus
petiti, -ae, -a essetis
petiti, -ae, -a essent

Nominalformen

Infinitiv Perfekt
petitum, -am, -um esse

Partizip Perfekt
petitus, -a, -um

Gerundiv
petendus, -a, -um

Anwendungsbeispiele

Cupiditate cognitionis astra **petuntur**. *Aus Wissbegier **sucht man** die Sterne **zu erreichen**.*

Excusatio non **petita** fit accusatio manifesta. *Eine nicht **verlangte** Entschuldigung wird zur handfesten Anklage.*

Sempronia ita libidinosa fuit, ut viros saepius peteret quam **peteretur**. *Sempronia war so zügellos, dass **sie** Männer häufiger begehrte als **begehrt wurde**.*

A captivo indulgentia **petitur**. *Der Gefangene **fleht** um Gnade.*

A victore clementia **petitur**. *Der Sieger **wird** um Milde **gebeten**.*

Witz

Aristippus a Dionysio rege aliquid petens cum non exaudiretur, tandem **petitum** impetravit ad pedes illius provolutus. Ob hanc indignam philosopho humilitatem reprehensus dixit culpam hanc non suam esse sed regis, cuius aures in pedibus essent **petendae**.

*Als Aristippus den König Dionysius um etwas bat, aber nicht erhört wurde, erreichte er **das Erbetene** schließlich doch, als er sich vor dessen Füße warf. Wegen dieser eines Philosophen unwürdigen Erniedrigung getadelt, antwortete Aristippus, dies sei nicht seine Schuld, sondern die des Königs, dessen Ohren an den Füßen **zu suchen** seien.*

Ähnliche Verben

implorari *angefleht werden*

orari *ersucht werden*

rogari *gefragt/gebeten werden*

Aufgepasst!

Für die Passivformen des Verbs petere mit ihrem grammatischen Bezug muss im Deutschen oft eine freiere Übersetzung gefunden werden, die sich in der Regel aus dem Kontext erschließt.

Anmerkungen:

7 afficere *versehen (mit), ausstatten*

Musterkonjugation; Aktiv

Präsensstamm

Indikativ Präsens
affici**o**
affici**s**
affici**t**
affici**mus**
affici**tis**
affici**unt**

Indikativ Imperfekt
affici**ebam**
affici**ebas**
affici**ebat**
affici**ebamus**
affici**ebatis**
affici**ebant**

Futur I
affici**am**
affici**es**
affici**et**
affici**emus**
affici**etis**
affici**ent**

Konjunktiv Präsens
affici**am**
affici**as**
affici**at**
affici**amus**
affici**atis**
affici**ant**

Konjunktiv Imperfekt
affic**erem**
affic**eres**
affic**eret**
affic**eremus**
affic**eretis**
affic**erent**

Perfektstamm

Indikativ Perfekt
affec**i**
affec**isti**
affec**it**
affec**imus**
affec**istis**
affec**erunt**

Indikativ Plusquamperfekt
affec**eram**
affec**eras**
affec**erat**
affec**eramus**
affec**eratis**
affec**erant**

Futur II
affec**ero**
affec**eris**
affec**erit**
affec**erimus**
affec**eritis**
affec**erint**

Konjunktiv Perfekt
affec**erim**
affec**eris**
affec**erit**
affec**erimus**
affec**eritis**
affec**erint**

Konjunktiv Plusquamperfekt
affec**issem**
affec**isses**
affec**isset**
affec**issemus**
affec**issetis**
affec**issent**

Nominalformen

Infinitiv Perfekt
affec**isse**

Infinitiv Futur
affec**turum, -am, -um esse**

Partizip Präsens
affici**ens**
affici**entis**

Partizip Futur
affec**turus, -a, -um**

Gerund
affici**endi**
(ad) affici**endum**
affici**endo**

Supin
affec**tum**
affec**tu**

Imperativ

Imperativ I
affic**e**
affic**ite**

Imperativ II
affic**ito**
affic**ito**
affic**itote**
affic**iunto**

Anwendungsbeispiele

Suum quemque scelus agitat amentiāque **afficit**. *Jeden verfolgt sein eigenes Verbrechen und* ***schlägt*** *ihn mit Wahnsinn.*

Iudex idem delictum in duobus non eodem malo **afficiet**, si alter per neglegentiam, alter consulto deliquit. *Ein Richter* ***wird*** *das gleiche Delikt bei zwei Personen nicht mit derselben Strafe* ***belegen****, wenn sich der eine aus Nachlässigkeit, der andere vorsätzlich vergangen hat.*

Tyrannus eos, quos luctu **affecerat**, lugere non sivit. *Der Tyrann verwehrte denen die Trauer, denen* ***er Anlass*** *zur Trauer* ***gegeben hatte****.*

Cum profecisse te videris et animos audientium **affeceris**, insta vehementius! *Wenn du siehst, dass* ***du*** *vorankommst und die (Gemüter der) Zuhörer* ***beeindruckst****, dann setze heftiger nach!*

Redewendungen

gaudio afficere aliquem *jdn. erfreuen*
magnis muneribus afficere aliquem *jdn. reich beschenken*
praemio afficere aliquem *jdn. belohnen*
supplicio afficere aliquem *jdn. hinrichten*

Ähnliche Verben

conficere *vollenden*
deficere *abfallen von, verlassen*
efficere *bewirken*
interficere *töten*
proficere *Fortschritte machen*
reficere *wiederherstellen, ersetzen*

Gebrauch

Afficere verlangt in der Regel ein Akkusativobjekt, verbunden mit dem Ablativus instrumentalis. So dient es zur Bildung vieler Redewendungen, die oft mit einem einfachen Verb zu übersetzen sind.

Anmerkungen:

8 affici *ausgestattet werden*

Musterkonjugation; Passiv

Präsensstamm

Indikativ Präsens

affici**or**
affici**eris**
affici**tur**
affici**mur**
affici**mini**
affici**untur**

Indikativ Imperfekt

affici**ebar**
affici**ebaris**
affici**ebatur**
affici**ebamur**
affici**ebamini**
affici**ebantur**

Futur I

affici**ar**
affici**ēris**
affici**ētur**
affici**emur**
affici**emini**
affici**entur**

Konjunktiv Präsens

affici**ar**
affici**āris**
affici**atur**
affici**amur**
affici**amini**
affici**antur**

Konjunktiv Imperfekt

affic**erer**
affic**erēris**
affic**eretur**
affic**eremur**
affic**eremini**
affic**erentur**

Perfektstamm

Indikativ Perfekt

affec**tus, -a, -um sum**
affec**tus, -a, -um es**
affec**tus, -a, -um est**
affec**ti, -ae, -a sumus**
affec**ti, -ae, -a estis**
affec**ti, -ae, -a sunt**

Indikativ Plusquamperfekt

affec**tus, -a, -um eram**
affec**tus, -a, -um eras**
affec**tus, -a, -um erat**
affec**ti, -ae, -a eramus**
affec**ti, -ae, -a eratis**
affec**ti, -ae, -a erant**

Futur II

affec**tus, -a, -um ero**
affec**tus, -a, -um eris**
affec**tus, -a, -um erit**
affec**ti, -ae, -a erimus**
affec**ti, -ae, -a eritis**
affec**ti, -ae, -a erunt**

Konjunktiv Perfekt

affec**tus, -a, -um sim**
affec**tus, -a, -um sis**
affec**tus, -a, -um sit**
affec**ti, -ae, -a simus**
affec**ti, -ae, -a sitis**
affec**ti, -ae, -a sint**

Konjunktiv Plusquamperfekt

affec**tus, -a, -um essem**
affec**tus, -a, -um esses**
affec**tus, -a, -um esset**
affec**ti, -ae, -a essemus**
affec**ti, -ae, -a essetis**
affec**ti, -ae, -a essent**

Nominalformen

Infinitiv Perfekt

affec**tum, -am, -um esse**

Partizip Perfekt

affec**tus, -a, -um**

Gerundiv

affici**endus, -a, -um**

Anwendungsbeispiele

Hic vero tanto dolore **afficior**, ut mihi nihil minus ferendum esse videatur. *Hier **werde ich** so stark von Schmerz **getroffen**, dass mir nichts unerträglicher vorkommt.*

Defunctus nullis malis **afficitur**. *Einen Verstorbenen **trifft** kein Übel.*

Virtus opera sua, quae videt **affici**, magis fovet. *Ein edler Mensch pflegt seine Werke, die er **bedrängt** sieht, noch mehr.*

Infinito dolore **affici** stulta indulgentia est. *Sich grenzenlosem Schmerz **hinzugeben**, ist törichte Nachgiebigkeit.*

Omnibus virtutibus me **affectum esse** cupio. *Ich möchte mit allen guten Eigenschaften **ausgestattet sein**.*

Quod tantis vestris beneficiis **affectus sum**, gaudeo. *Dass **mir** so hohe Auszeichnungen von euch **zuteilgeworden sind**, freut mich.*

Redewendungen

beneficiis affici *Wohltaten erhalten*
detrimento affici *Schaden erleiden*
difficultate affici *in eine schwierige Lage kommen*
gravi morbo affici *schwer erkranken*

Andere Verben

amovere *entfernen, wegschaffen*
carere *entbehren, nicht haben*
demere *wegnehmen*
egere *nötig haben*

Gebrauch

Wenn Sie von der Bedeutung *versehen werden (mit etw.)* ausgehen, wird Sie der Kontext leicht zu der im Deutschen angemessenen Übersetzung führen. Dabei ist es häufig möglich, das Passiv durch eine aktive Wendung zu ersetzen.

Anmerkungen:

9 finire *beenden*

Musterkonjugation;
Regelmäßiges Verb der i-Konjugation; Aktiv

Präsensstamm

Indikativ Präsens
fini**o**
fini**s**
fini**t**
fini**mus**
fini**tis**
fini**unt**

Indikativ Imperfekt
fini**ebam**
fini**ebas**
fini**ebat**
fini**ebamus**
fini**ebatis**
fini**ebant**

Futur I
fini**am**
fini**es**
fini**et**
fini**emus**
fini**etis**
fini**ent**

Konjunktiv Präsens
fini**am**
fini**as**
fini**at**
fini**amus**
fini**atis**
fini**ant**

Konjunktiv Imperfekt
fini**rem**
fini**res**
fini**ret**
fini**remus**
fini**retis**
fini**rent**

Perfektstamm

Indikativ Perfekt
fini**vi**
fini**visti**
fini**vit**
fini**vimus**
fini**vistis**
fini**verunt**

Indikativ Plusquamperfekt
fini**veram**
fini**veras**
fini**verat**
fini**veramus**
fini**veratis**
fini**verant**

Futur II
fini**vero**
fini**veris**
fini**verit**
fini**verimus**
fini**veritis**
fini**verint**

Konjunktiv Perfekt
fini**verim**
fini**veris**
fini**verit**
fini**verimus**
fini**veritis**
fini**verint**

Konjunktiv Plusquamperfekt
fini**vissem**
fini**visses**
fini**visset**
fini**vissemus**
fini**vissetis**
fini**vissent**

Nominalformen

Infinitiv Perfekt
fini**visse**

Infinitiv Futur
fini**turum, -am, -um esse**

Partizip Präsens
fini**ens**
fini**entis**

Partizip Futur
fini**turus, -a, -um**

Gerund
fini**endi**
(ad) fini**endum**
fini**endo**

Supin
fini**tum**
fini**tu**

Imperativ

Imperativ I
fini
fini**te**

Imperativ II
fini**to**
fini**to**
fini**tote**
fini**unto**

Anwendungsbeispiele

Rhenus flumen imperium Romanum **finit**. *Der Rhein **begrenzt** das römische Reich.*

Libertati modum **finire** necesse est. *Es ist notwendig, der Freiheit eine Grenze **zu setzen**.*

Cum consul orationem **finivisset**, senatores plauserunt. *Als der Konsul seine Rede **beendet hatte**, klatschten die Senatoren Beifall.*

Rem audacter suscipias, eleganter **finias**. ***Mögest du** die Sache mutig angehen und geschickt **beenden**!*

Fuerunt, qui philosophiam aliter atque aliter **finirent**. *Es gab Leute, welche die Philosophie immer wieder anders **bestimmten**.*

Redewendungen

bellum finire *den Krieg beenden*
diem colloquii finire *den Termin für ein Gespräch festsetzen*
honores finire *Ämter niederlegen*
modum finire *eine Grenze setzen*
vitam finire *dem Leben ein (gewaltsames) Ende setzen*
voluptates finire *die Vergnügungen einschränken*
numero finire *nach der Zahl bestimmen*

Ähnliche Verben

absolvere *fertig machen*
componere *beilegen, beenden*
conficere *zustande bringen*
perficere *vollenden, abschließen*
terminare *begrenzen, bestimmen*
definire *genau bestimmen, definieren*

Gebrauch

Das Verb finire verlangt in der Regel ein Akkusativobjekt. Der Begriff, nach dem etwas bestimmt wird, steht im Ablativ.

Anmerkungen:

10 finiri *beendet werden*

Musterkonjugation;
Regelmäßiges Verb der i-Konjugation; Passiv

Präsensstamm

Indikativ Präsens
finior
finiris
finitur
finimur
finimini
finiuntur

Indikativ Imperfekt
finiebar
finiebaris
finiebatur
finiebamur
finiebamini
finiebantur

Futur I
finiar
finieris
finietur
finiemur
finiemini
finientur

Konjunktiv Präsens
finiar
finiaris
finiatur
finiamur
finiamini
finiantur

Konjunktiv Imperfekt
finirer
finireris
finiretur
finiremur
finiremini
finirentur

Perfektstamm

Indikativ Perfekt
finitus, -a, -um sum
finitus, -a, -um es
finitus, -a, -um est
finiti, -ae, -a sumus
finiti, -ae, -a estis
finiti, -ae, -a sunt

Indikativ Plusquamperfekt
finitus, -a, -um eram
finitus, -a, -um eras
finitus, -a, -um erat
finiti, -ae, -a eramus
finiti, -ae, -a eratis
finiti, -ae, -a erant

Futur II
finitus, -a, -um ero
finitus, -a, -um eris
finitus, -a, -um erit
finiti, -ae, -a erimus
finiti, -ae, -a eritis
finiti, -ae, -a erunt

Konjunktiv Perfekt
finitus, -a, -um sim
finitus, -a, -um sis
finitus, -a, -um sit
finiti, -ae, -a simus
finiti, -ae, -a sitis
finiti, -ae, -a sint

Konjunktiv Plusquamperfekt
finitus, -a, -um essem
finitus, -a, -um esses
finitus, -a, -um esset
finiti, -ae, -a essemus
finiti, -ae, -a essetis
finiti, -ae, -a essent

Nominalformen

Infinitiv Perfekt
finitum, -am, -um esse

Partizip Perfekt
finitus, -a, -um

Gerundiv
finiendus, -a, -um

Anwendungsbeispiele

Imperium Romanum Rheno flumine **finitur**. *Das römische Reich **wird** durch den Rhein **begrenzt**.*

Artifex curavit, ut opus **finiretur**. *Der Künstler sorgte dafür, dass das Werk **abgeschlossen wurde**.*

Libertati modum **finiri** necesse erat. *Es war nötig, dass der Freiheit eine Grenze **gesetzt wurde**.*

Vita nostra brevis est et brevi **finietur**. *Unser Leben ist kurz und **wird** bald **enden**.*

Roma locuta, causa **finita (est)**. *Rom hat gesprochen, die Angelegenheit **ist erledigt**.*

Decius turbam urbanam in quattuor tribus discripsit seditionis **finiendae** gratia. *Decius teilte die Menschenmenge der Stadt in vier Bezirke auf, um den Aufruhr **zu beenden**.*

Redewendungen

morbo finiri *an einer Krankheit sterben*

praeceptis finiri *sich an die Vorschriften halten*

pretio finiri *nach dem Preis bestimmt werden*

in carcere finiri *im Kerker enden*

Andere Verben

(ex)ordiri *den Anfang machen*

fieri *werden, entstehen*

incipere *beginnen, seinen Anfang nehmen*

nasci *geboren werden, entstehen*

oriri *entspringen, entstehen*

Aufgepasst!

Das Passiv des Verbs finire kann auch als intransitives oder reflexives Verb aufgefasst werden: finiri *seine Grenze finden, enden* etc.

Anmerkungen:

11 adiuvare *unterstützen, helfen*

Dehnungsperfekt

Präsensstamm

Indikativ Präsens
adiuvo
adiuvas
adiuvat
adiuvamus
adiuvatis
adiuvant

Indikativ Imperfekt
adiuvabam
adiuvabas
adiuvabat
adiuvabamus
adiuvabatis
adiuvabant

Futur I
adiuvabo
adiuvabis
adiuvabit
adiuvabimus
adiuvabitis
adiuvabunt

Konjunktiv Präsens
adiuvem
adiuves
adiuvet
adiuvemus
adiuvetis
adiuvent

Konjunktiv Imperfekt
adiuvarem
adiuvares
adiuvaret
adiuvaremus
adiuvaretis
adiuvarent

Perfektstamm

Indikativ Perfekt
adiūvi
adiūvisti
adiūvit
adiūvimus
adiūvistis
adiūverunt

Indikativ Plusquamperfekt
adiūveram
adiūveras
adiūverat
adiūveramus
adiūveratis
adiūverant

Futur II
adiūvero
adiūveris
adiūverit
adiūverimus
adiūveritis
adiūverint

Konjunktiv Perfekt
adiūverim
adiūveris
adiūverit
adiūverimus
adiūveritis
adiūverint

Konjunktiv Plusquamperfekt
adiūvissem
adiūvisses
adiūvisset
adiūvissemus
adiūvissetis
adiūvissent

Nominalformen

Infinitiv Perfekt
adiūvisse

Infinitiv Futur
adiūturum, -am, -um esse

Partizip Präsens
adiuvans
adiuvantis

Partizip Futur
adiūturus, -a, -um

Partizip Perfekt Passiv
adiūtus, -a, -um

Gerund
adiuvandi
(ad) adiuvandum
adiuvando

Gerundiv
adiuvandus, -a, -um

Supin
adiūtum
adiūtu

Imperativ

Imperativ I
adiuva
adiuvate

Imperativ II
adiuvato
adiuvato
adiuvatote
adiuvanto

Anwendungsbeispiele

Possum adsequi, quod volo, si tu me **adiuvas**. *Ich kann erreichen, was ich will, wenn* ***du*** *mir* ***hilfst****.*

Haec **adiuvat** in oratore lenitas vocis. *Dazu* ***trägt*** *beim Redner eine sanft klingende Stimme* ***bei****.*

Non virtus solum consulem sed fors etiam **adiūvit**. *Nicht nur seine Tüchtigkeit* ***nützte*** *dem Konsul, sondern auch der Zufall.*

A rege **adiuti sumus** et equitatu et pedestribus copiis. *Vom König* ***wurden*** *wir durch Reiterei und Fußtruppen* ***unterstützt****.*

Ab imminentibus malis res publica **me adiuvante** liberetur! *Möge der Staat von dem drohenden Unheil* ***mit meiner Hilfe*** *befreit werden!*

Haec mihi dederunt voluntatem **adiuvandi** me et patiendi omne tormentum. *Diese Dinge gaben mir den Willen, mir* ***zu helfen*** *und alle Qual zu ertragen.*

Sprichwörter

Fortes fortuna **adiuvat**. *Den Tapferen* ***hilft*** *das Glück.*

Ähnliche Verben

adesse *beistehen, helfen*
auxiliari *helfen*
prodesse *nützen*
subvenire *zu Hilfe kommen, helfen*
succurrere *zu Hilfe eilen, helfen*
iuvare *unterstützen*

Aufgepasst!

Das Verb adiuvare ist im Lateinischen transitiv, d. h. es hat anders als im Deutschen ein Akkusativobjekt bei sich und kann daher auch das Passiv bilden.

Praecipue **sum** ab illo **adiutus**. ***Ich wurde*** *vor allem von ihm* ***unterstützt./Mir wurde*** *vor allem von ihm* ***geholfen****.*

Das Passiv zu adiuvare wird nach dem Muster von superari gebildet.

Anmerkungen:

(12) agere *betreiben, (ver-)handeln*

Dehnungsperfekt

Präsensstamm

Indikativ Präsens
ago
agis
agit
agimus
agitis
agunt

Indikativ Imperfekt
agebam
agebas
agebat
agebamus
agebatis
agebant

Futur I
agam
ages
aget
agemus
agetis
agent

Konjunktiv Präsens
agam
agas
agat
agamus
agatis
agant

Konjunktiv Imperfekt
agerem
ageres
ageret
ageremus
ageretis
agerent

Perfektstamm

Indikativ Perfekt
ēgi
ēgisti
ēgit
ēgimus
ēgistis
ēgerunt

Indikativ Plusquamperfekt
ēgeram
ēgeras
ēgerat
ēgeramus
ēgeratis
ēgerant

Futur II
ēgero
ēgeris
ēgerit
ēgerimus
ēgeritis
ēgerint

Konjunktiv Perfekt
ēgerim
ēgeris
ēgerit
ēgerimus
ēgeritis
ēgerint

Konjunktiv Plusquamperfekt
ēgissem
ēgisses
ēgisset
ēgissemus
ēgissetis
ēgissent

Nominalformen

Infinitiv Perfekt
ēgisse

Infinitiv Futur
ăcturum, -am, -um esse

Partizip Präsens
agens
agentis

Partizip Futur
ăcturus, -a, -um

Partizip Perfekt Passiv
ăctus, -a, -um

Gerund
agendi
(ad) agendum
agendo

Gerundiv
agendus, -a, -um

Supin
ăctum
ăctu

Imperativ

Imperativ I
age
agite

Imperativ II
agito
agito
agitote
agunto

Anwendungsbeispiele

Id ago, ut mihi instar totius vitae dies sit. ***Ich bemühe mich darum, dass*** *ein Tag für mich so viel wie ein ganzes Leben ist.*

Qui rei publicae praesunt, quaecumque **agunt**, ad utilitatem civium referant. *Die Staatslenker sollen all* ***ihr Tun*** *auf den Nutzen der Bürger ausrichten.*

Satius est otiosum esse quam nihil **agere**. *Es ist besser, in Muße zu leben als nichts* ***zu tun****.*

Helvetii cum Caesare de pace **egerunt**. *Die Helvetier* ***verhandelten*** *mit Caesar um Frieden.*

Nihil **actum** crede, si quid superest **agendum**! *Halte nichts für* ***erledigt****, wenn noch etwas* ***zu tun*** *übrig ist!*

Sprichwörter

Quidquid **agis**, prudenter **agas** et respice finem! *Alles, was* ***du tust****,* ***tue*** *mit Umsicht und bedenke das Ende!*

Tum tua res **agitur**, paries cum proximus ardet. *Dann* ***geht es um*** *deine Sache, wenn die dir nächste Wand brennt.*

Nihil agendo homines male **agere** discunt. ***Durch Nichtstun*** *lernen die Menschen Schlechtes* ***zu tun****.*

Ähnliche Verben

adigere *herantreiben, drängen*
cogere *zusammentreiben, zwingen*
degere *verbringen, leben*
exigere *einfordern, vollenden*
redigere *in einen Zustand versetzen*
subigere *unterwerfen*

Aufgepasst!

Das Verb agere wird sowohl transitiv als auch intransitiv verwendet. Das Passiv wird nach dem Muster des Verbs peti gebildet.

Tipps & Tricks

Wenn Sie davon ausgehen, dass agere im weitesten Sinn die Tätigkeit bezeichnet, bei der gehandelt oder etwas in Bewegung gebracht wird, kann Ihnen der Kontext helfen, im Einzelfall die passende Übersetzung zu finden.

Anmerkungen:

13 aperire *öffnen*

u-Perfekt

Präsensstamm

Indikativ Präsens
aperio
aperis
aperit
aperimus
aperitis
aperiunt

Indikativ Imperfekt
aperiebam
aperiebas
aperiebat
aperiebamus
aperiebatis
aperiebant

Futur I
aperiam
aperies
aperiet
aperiemus
aperietis
aperient

Konjunktiv Präsens
aperiam
aperias
aperiat
aperiamus
aperiatis
aperiant

Konjunktiv Imperfekt
aperirem
aperires
aperiret
aperiremus
aperiretis
aperirent

Perfektstamm

Indikativ Perfekt
aperui
aperuisti
aperuit
aperuimus
aperuistis
aperuerunt

Indikativ Plusquamperfekt
aperueram
aperueras
aperuerat
aperueramus
aperueratis
aperuerant

Futur II
aperuero
aperueris
aperuerit
aperuerimus
aperueritis
aperuerint

Konjunktiv Perfekt
aperuerim
aperueris
aperuerit
aperuerimus
aperueritis
aperuerint

Konjunktiv Plusquamperfekt
aperuissem
aperuisses
aperuisset
aperuissemus
aperuissetis
aperuissent

Nominalformen

Infinitiv Perfekt
aperuisse

Infinitiv Futur
aperturum, -am, -um esse

Partizip Präsens
aperiens
aperientis

Partizip Futur
aperturus, -a, -um

Partizip Perfekt Passiv
apertus, -a, -um

Gerund
aperiendi
(ad) aperiendum
aperiendo

Gerundiv
aperiendus, -a, -um

Supin
apertum
apertu

Imperativ

Imperativ I
aperi
aperite

Imperativ II
aperito
aperito
aperitote
aperiunto

Anwendungsbeispiele

Sapientia ad beatum statum vias **aperit**. *Die Weisheit **eröffnet** Wege zu einem glücklichen Zustand.*

Suo tempore fons totius sceleris **aperietur**. *Zu gegebener Zeit **wird** der Ausgangspunkt des ganzen Verbrechens **ans Tageslicht kommen**.*

Facilius est mentem **aperire** quam claudere. *Es ist leichter, seine Gedanken **offenzulegen** als zu verbergen.*

Res non tam **erat aperta** quam rei publicae causa **erat aperienda**. *Die Angelegenheit **war** nicht so **klargestellt**, wie sie im Interesse des Staates **hätte klargestellt werden müssen**.*

Redewendungen

causam aperire *die Ursache erklären*
consilia aperire *Pläne enthüllen*
novas terras aperire *neue Länder zugänglich machen/erschließen*
viam aperire *einen Weg bahnen*

Andere Verben

abdere *weggeben, verstecken*
celare *verheimlichen*
claudere *(ver)schließen*
latēre *verborgen sein*
obstruere *versperren*
occultare *verbergen*

Gebrauch

Oft folgt auf aperire ein AcI oder indirekter Fragesatz, wenn das Verb im Sinne von *darlegen, mitteilen* verwendet ist.

Aperuit se esse amicum consulis. *Er teilte mit, ein Freund des Konsuls zu sein.*

Aperuit, quid cogitaret. *Er offenbarte seine Gedanken.*

Tipps & Tricks

Das Passiv wird nach dem Muster des Verbs finiri gebildet.
Wie aperire werden operire *bedecken* und salire *springen* konjugiert.

Anmerkungen:

14 aspicere *anblicken*

s-Perfekt, -cs- → -x-

Präsensstamm

Indikativ Präsens
aspicio
aspicis
aspicit
aspicimus
aspicitis
aspiciunt

Indikativ Imperfekt
aspiciebam
aspiciebas
aspiciebat
aspiciebamus
aspiciebatis
aspiciebant

Futur I
aspiciam
aspicies
aspiciet
aspiciemus
aspicietis
aspicient

Konjunktiv Präsens
aspiciam
aspicias
aspiciat
aspiciamus
aspiciatis
aspiciant

Konjunktiv Imperfekt
aspicerem
aspiceres
aspiceret
aspiceremus
aspiceretis
aspicerent

Perfektstamm

Indikativ Perfekt
aspexi
aspexisti
aspexit
aspeximus
aspexistis
aspexerunt

Indikativ Plusquamperfekt
aspexeram
aspexeras
aspexerat
aspexeramus
aspexeratis
aspexerant

Futur II
aspexero
aspexeris
aspexerit
aspexerimus
aspexeritis
aspexerint

Konjunktiv Perfekt
aspexerim
aspexeris
aspexerit
aspexerimus
aspexeritis
aspexerint

Konjunktiv Plusquamperfekt
aspexissem
aspexisses
aspexisset
aspexissemus
aspexissetis
aspexissent

Nominalformen

Infinitiv Perfekt
aspexisse

Infinitiv Futur
aspecturum, -am, -um esse

Partizip Präsens
aspiciens
aspicientis

Partizip Futur
aspecturus, -a, -um

Partizip Perfekt Passiv
aspectus, -a, -um

Gerund
aspiciendi
(ad) aspiciendum
aspiciendo

Gerundiv
aspiciendus, -a, -um

Supin
aspectum
aspectu

Imperativ

Imperativ I
aspice
aspicite

Imperativ II
aspicito
aspicito
aspicitote
aspiciunto

Anwendungsbeispiele

Diem sic **aspicio** tamquam esse vel ultimus possit. ***Ich sehe*** *den Tag so* ***an****, als könne er auch der letzte sein.*

Cum tantam copiam rerum **aspexeris**, auctorem universi miraberis. *Wenn* ***du*** *die so große Fülle der Dinge* ***betrachtest****, wirst du den Schöpfer des Alls bewundern.*

Sic vivimus, ut subito **aspici** velut deprehendi sit. *Wir leben so, als ob plötzlich* ***erblickt zu werden*** *so viel bedeute wie ertappt zu werden.*

Aspicienda est persona eius, de quo adiuvando cogitas. ***Betrachten muss man*** *die Persönlichkeit dessen, für den man auf Hilfe sinnt.*

Sprichwörter

Aspice venturo laetentur ut omnia saeclo! ***Schau****, wie sich alles auf das kommende Zeitalter freut!*

Aspiciunt oculis superi mortalia iustis. *Mit gerechten Augen* ***beobachten*** *die Götter das Treiben der Menschen.*

Puras deus, non plenas **aspicit** manus. *Gott* ***schaut auf*** *die reinen, nicht auf die vollen Hände.*

Ähnliche Verben

conspicere *erblicken*
despicere *verachten*
inspicere *besichtigen, mustern*
perspicere *genau betrachten*
prospicere *vorausschauen, sorgen für*
respicere *Rücksicht nehmen*
spectare *anschauen, berücksichtigen*
suspicere *bewundern, verdächtigen*

Aufgepasst!

Das Passiv wird nach dem Muster von affici gebildet.

Anmerkungen:

15 cadere *fallen*

Reduplikationsperfekt

Präsensstamm

Indikativ Präsens
cado
cadis
cadit
cadimus
caditis
cadunt

Indikativ Imperfekt
cadebam
cadebas
cadebat
cadebamus
cadebatis
cadebant

Futur I
cadam
cades
cadet
cademus
cadetis
cadent

Konjunktiv Präsens
cadam
cadas
cadat
cadamus
cadatis
cadant

Konjunktiv Imperfekt
caderem
caderes
caderet
caderemus
caderetis
caderent

Perfektstamm

Indikativ Perfekt
cecidi
cecidisti
cecidit
cecidimus
cecidistis
ceciderunt

Indikativ Plusquamperfekt
cecideram
cecideras
ceciderat
cecideramus
cecideratis
ceciderant

Futur II
cecidero
cecideris
ceciderit
ceciderimus
cecideritis
ceciderint

Konjunktiv Perfekt
ceciderim
cecideris
ceciderit
ceciderimus
cecideritis
ceciderint

Konjunktiv Plusquamperfekt
cecidissem
cecidisses
cecidisset
cecidissemus
cecidissetis
cecidissent

Nominalformen

Infinitiv Perfekt
cecidisse

Infinitiv Futur
casurum, -am, -um esse

Partizip Präsens
cadens
cadentis

Partizip Futur
casurus, -a, -um

Gerund
cadendi
(ad) cadendum
cadendo

Imperativ

Imperativ I
cade
cadite

Imperativ II
cadito
cadito
caditote
cadunto

Anwendungsbeispiele

Orior oriente sole, sole **cadente cado**. *Ich erhebe mich, wenn die Sonne aufgeht, **wenn** sie **untergeht, falle ich**.*

In bonum virum non **cadit** mentiri. *Lügen **passt** nicht zu einem guten Mann.*

Spes **ad irritum cecidit**. *Die Hoffnung **ist zunichtegeworden**.*

Multa renascentur, quae iam **ceciderunt**, **cadentque** quae nunc sunt in honore vocabula, si volet usus. *Viele Begriffe, die schon **weggefallen sind**, werden wieder aufgenommen und es **werden**, wenn es der Sprachgebrauch will, solche **wegfallen**, die jetzt in Mode sind.*

Gutta cavat lapidem non vi, sed saepe **cadendo**. *Der Tropfen höhlt den Stein nicht durch seine Kraft, sondern **durch** häufiges **Fallen**.*

Redewendungen

animo cadere *mutlos werden*

ex arbore cadere *vom Baum fallen*

ab hoste cadere *durch Feindeshand fallen*

in suspicionem cadere *in Verdacht geraten*

Ähnliche Verben

accidit, ut *es ereignet sich, dass*

concidere *einstürzen*

incidere *hineingeraten*

occidere *untergehen, umkommen*

Aufgepasst!

Bitte unterscheiden Sie zwischen cadere und caedere *zu Fall bringen*! Die Formen beider Verben sehen im Perfektstamm gleich aus. Sie unterscheiden sich aber dadurch, dass cadere im Wortstamm ein kurzes i bildet, also cécidi, caedere dagegen ein langes ī, also cecīdi. Bei den Komposita beider Verben ist in allen Formen der Unterschied nur an der Kürze bzw. Länge des i erkennbar: óccido *ich gehe unter* und occīdo *ich töte*.

Tipps & Tricks

Als intransitive Verben bilden cadere und seine Komposita kein Passiv, während caedere und seine Komposita das Passiv nach dem Muster von peti bzw. mit dem Partizip Perfekt caesus, -a, -um bilden.

Anmerkungen:

16 confidere *vertrauen*

Semideponens

Präsensstamm

Indikativ Präsens
confido
confidis
confidit
confidimus
confiditis
confidunt

Indikativ Imperfekt
confidebam
confidebas
confidebat
confidebamus
confidebatis
confidebant

Futur I
confidam
confides
confidet
confidemus
confidetis
confident

Konjunktiv Präsens
confidam
confidas
confidat
confidamus
confidatis
confidant

Konjunktiv Imperfekt
confiderem
confideres
confideret
confideremus
confideretis
confiderent

Perfektstamm

Indikativ Perfekt
confisus, -a, -um sum
confisus, -a, -um es
confisus, -a, -um est
confisi, -ae, -a sumus
confisi, -ae, -a estis
confisi, -ae, -a sunt

Indikativ Plusquamperfekt
confisus, -a, -um eram
confisus, -a, -um eras
confisus, -a, -um erat
confisi, -ae, -a eramus
confisi, -ae, -a eratis
confisi, -ae, -a erant

Futur II
confisus, -a, -um ero
confisus, -a, -um eris
confisus, -a, -um erit
confisi, -ae, -a erimus
confisi, -ae, -a eritis
confisi, -ae, -a erunt

Konjunktiv Perfekt
confisus, -a, -um sim
confisus, -a, -um sis
confisus, -a, -um sit
confisi, -ae, -a simus
confisi, -ae, -a sitis
confisi, -ae, -a sint

Konjunktiv Plusquamperfekt
confisus, -a, -um essem
confisus, -a, -um esses
confisus, -a, -um esset
confisi, -ae, -a essemus
confisi, -ae, -a essetis
confisi, -ae, -a essent

Nominalformen

Infinitiv Perfekt
confisum, -am, -um esse

Partizip Präsens
confidens
confidentis

Partizip Perfekt
confisus, -a, -um

Gerund
confidendi
(ad) confidendum
confidendo

Gerundiv
confidendum

Supin
confisum
confisu

Imperativ

Imperativ I
confide
confidite

Imperativ II
confidito
confidito
confiditote
confidunto

Anwendungsbeispiele

Huic legioni Caesar **confidebat** maxime. *Dieser Legion **vertraute** Caesar am meisten.*

Meae apud eos gratiae **confidebam**. ***Ich vertraute auf** meinen Einfluss bei ihnen.*

Non adeo est imperitus rerum, ut suis copiis populum Romanum superari posse **confidat**. *Er ist nicht so unerfahren, dass **er sich darauf verlässt**, das Römische Volk mit seinen Truppen besiegen zu können.*

His amicis sociisque Catilina **confisus est**. *Auf diese Freunde und Genossen **verließ sich** Catilina.*

Tum miser interii, stulte **confisus** amari. *Dann bin ich armselig untergegangen, **im** dummen **Vertrauen darauf** geliebt zu werden.*

Sprichwörter

Secundis nemo **confidat**, adversis nemo deficiat: alternae sunt vices rerum. *Auf Glück **soll sich** niemand **verlassen**, an Unglück niemand verzweifeln: die Phasen im Leben wechseln sich ab.*

Noli tranquillitati **confidere**: momento mare evertitur. ***Vertraue** nicht auf die Ruhe: in einem Augenblick gerät das Meer in Aufruhr.*

Fingere se semper non est **confidere** amori. *Sich immer zu verstellen, heißt nicht auf die Liebe **zu vertrauen**.*

Ähnliche Verben

committere *anvertrauen*
credere *glauben, vertrauen*
fidere *vertrauen, sich verlassen*
diffidere *misstrauen*

Gebrauch

confidere wird im Zusammenhang mit Personen, Sachen oder Eigenschaften verwendet.
Steht bei confidere ein AcI, wählen Sie die Übersetzung *darauf vertrauen, dass* oder *sich darauf verlassen, dass*.

Tipps & Tricks

Das Partizip Präsens confidens kommt meist als Adjektiv in der Bedeutung *dreist, verwegen* vor.
Das Partizip Perfekt confisus übersetzen Sie am besten mit *im Vertrauen (dar)auf*.

Anmerkungen:

17 consistere *sich hinstellen, stehen bleiben*

Reduplikationsperfekt

Präsensstamm

Indikativ Präsens
consisto
consistis
consistit
consistimus
consistitis
consistunt

Indikativ Imperfekt
consistebam
consistebas
consistebat
consistebamus
consistebatis
consistebant

Futur I
consistam
consistes
consistet
consistemus
consistetis
consistent

Konjunktiv Präsens
consistam
consistas
consistat
consistamus
consistatis
consistant

Konjunktiv Imperfekt
consisterem
consisteres
consisteret
consisteremus
consisteretis
consisterent

Perfektstamm

Indikativ Perfekt
constiti
constitisti
constitit
constitimus
constitistis
constiterunt

Indikativ Plusquamperfekt
constiteram
constiteras
constiterat
constiteramus
constiteratis
constiterant

Futur II
constitero
constiteris
constiterit
constiterimus
constiteritis
constiterint

Konjunktiv Perfekt
constiterim
constiteris
constiterit
constiterimus
constiteritis
constiterint

Konjunktiv Plusquamperfekt
constitissem
constitisses
constitisset
constitissemus
constitissetis
constitissent

Nominalformen

Infinitiv Perfekt
constitisse

Partizip Präsens
consistens
consistentis

Gerund
consistendi
(ad) consistendum
consistendo

Imperativ

Imperativ I
consiste
consistite

Imperativ II
consistito
consistito
consistitote
consistunto

Anwendungsbeispiele

In eo viro non modo culpa nulla, sed ne suspicio quidem **consistere** potuit. *Bei diesem Mann konnte* ***sich*** *nicht nur keine Schuld, ja nicht einmal ein Verdacht* ***einstellen****.*

Virtutis laus omnis in actione **consistit**. *Das Verdienst der Tugend* ***beruht*** *ganz* ***auf*** *praktischer Betätigung.*

Quocumque loco **constiti**, cogitationes meas tracto. *Wo immer* ***ich Platz genommen habe****, mache ich mir meine Gedanken.*

Nullo in oppido potestas **consistendi** fuit. *In keiner Stadt gab es die Möglichkeit* ***zu einem Aufenthalt****.*

Redewendungen

contra aliquem consistere *sich gegen jdn. stellen*
cum aliquo consistere *sich auf jds. Seite stellen*
mente consistere *sich fassen*
in orbem consistere *sich im Kreis aufstellen*
in sententia consistere *bei seiner Meinung bleiben*

Ähnliche Verben

sistere *sich stellen*
assistere *beistehen*
desistere *ablassen von*
exsistere *antreten, entstehen*
insistere *bestehen auf, beharren*
obsistere *entgegentreten*
resistere *Widerstand leisten*
subsistere *innehalten, aufhören*

Gebrauch

Das Verb consistere ist intransitiv und bildet kein Passiv. Es steht entweder allein oder in Verbindung mit einem Präpositionalausdruck.

Tipps & Tricks

Die Formen des Perfektstammes von consistere unterscheiden sich nicht von denen des Verbs constare *feststehen, bestehen aus, kosten*.

Anmerkungen:

18 constituere *festsetzen, beschließen*

Perfekt ohne Stammveränderung

Präsensstamm

Indikativ Präsens
constituo
constituis
constituit
constituimus
constituitis
constituunt

Indikativ Imperfekt
constituebam
constituebas
constituebat
constituebamus
constituebatis
constituebant

Futur I
constituam
constitues
constituet
constituemus
constituetis
constituent

Konjunktiv Präsens
constituam
constituas
constituat
constituamus
constituatis
constituant

Konjunktiv Imperfekt
constituerem
constitueres
constitueret
constitueremus
constitueretis
constituerent

Perfektstamm

Indikativ Perfekt
constitui
constituisti
constituit
constituimus
constituistis
constituerunt

Indikativ Plusquamperfekt
constitueram
constitueras
constituerat
constitueramus
constitueratis
constituerant

Futur II
constituero
constitueris
constituerit
constituerimus
constitueritis
constituerint

Konjunktiv Perfekt
constituerim
constitueris
constituerit
constituerimus
constitueritis
constituerint

Konjunktiv Plusquamperfekt
constituissem
constituisses
constituisset
constituissemus
constituissetis
constituissent

Nominalformen

Infinitiv Perfekt
constituisse

Infinitiv Futur
constituturum, -am, -um esse

Partizip Präsens
constituens
constituentis

Partizip Futur
constituturus, -a, -um

Partizip Perfekt Passiv
constitutus, -a, -um

Gerund
constituendi
(ad) constituendum
constituendo

Gerundiv
constituendus, -a, -um

Supin
constitutum
constitutu

Imperativ

Imperativ I	Imperativ II
constitue	constituito
constituite	constituito
	constituitote
	constituunto

Anwendungsbeispiele

Quam poenam ingratis **constituimus**? *Welche Strafe* ***setzen wir*** *für Undankbare* ***fest****?*

Seneca **constituit** contumelias perpeti. *Seneca* ***beschloss****, die Beleidigungen zu ertragen.*

Finem **constitue**, quem transire ne possis quidem, si velis. ***Setze*** *dir eine Grenze, die du nicht einmal, wenn du es wolltest, überschreiten kannst.*

Spectaculum acerbum in foro **constituitur**. *Auf dem Forum* ***wird*** *ein bitteres Schauspiel* ***veranstaltet****.*

Mea diligentia auctoritas iudiciorum **constituta esse** videtur. *Es scheint, dass das Ansehen der Gerichte durch meine Sorgfalt* ***gefestigt wurde****.*

Multum elaboravi in hac accusatione comparanda **constituenda**que. *Ich habe auf die Vorbereitung und* ***Begründung*** *der Anklage viel Mühe verwendet.*

Redewendungen

aliquem testem constituere *jdn. als Zeugen bestellen*
diem colloquio constituere *den Termin für ein Gespräch festlegen*
libertatem constituere *die Freiheit begründen*
pretium constituere *einen Preis festsetzen*
rem publicam constituere *den Staat ordnen*

Ähnliche Verben

statuere *festsetzen*
destituere *verlassen*
instituere *einrichten, unterrichten, beginnen*
restituere *wiederherstellen*
substituere *darunterstellen, an jds. Stelle setzen*

Aufgepasst!

Beachten Sie bitte, dass einige Formen des Präsens- und Perfektstammes gleich sind! Das Passiv wird nach dem Muster des Verbs peti gebildet.

Tipps & Tricks

Wie constituere werden konjugiert: induere *anziehen*, metuere *fürchten*, minuere *vermindern*, solvere *lösen*, tribuere *zuteilen*, volvere *wälzen, rollen*.

Anmerkungen:

19 consulere *beraten, sorgen (für)*

u-Perfekt

Präsensstamm

Indikativ Präsens
consulo
consulis
consulit
consulimus
consulitis
consulunt

Indikativ Imperfekt
consulebam
consulebas
consulebat
consulebamus
consulebatis
consulebant

Futur I
consulam
consules
consulet
consulemus
consuletis
consulent

Konjunktiv Präsens
consulam
consulas
consulat
consulamus
consulatis
consulant

Konjunktiv Imperfekt
consulerem
consuleres
consuleret
consuleremus
consuleretis
consulerent

Perfektstamm

Indikativ Perfekt
consului
consuluisti
consuluit
consuluimus
consuluistis
consuluerunt

Indikativ Plusquamperfekt
consulueram
consulueras
consuluerat
consulueramus
consulueratis
consuluerant

Futur II
consuluero
consulueris
consuluerit
consuluerimus
consulueritis
consuluerint

Konjunktiv Perfekt
consuluerim
consulueris
consuluerit
consuluerimus
consulueritis
consuluerint

Konjunktiv Plusquamperfekt
consuluissem
consuluisses
consuluisset
consuluissemus
consuluissetis
consuluissent

Nominalformen

Infinitiv Perfekt
consuluisse

Infinitiv Futur
consulturum, -am, -um esse

Partizip Präsens
consulens
consulentis

Partizip Futur
consulturus, -a, -um

Partizip Perfekt Passiv
consultus, -a, -um

Gerund
consulendi
(ad) consulendum
consulendo

Gerundiv
consulendus, -a, -um

Supin
consultum
consultu

Imperativ

Imperativ I
consule
consulite

Imperativ II
consulito
consulito
consulitote
consulunto

Anwendungsbeispiele

Haruspicem de exitu pugnae **consulimus.** ***Wir befragen*** *den Opferschauer über den Ausgang der Schlacht.*

Senatores de pace **consulunt.** *Die Senatoren* ***beraten*** *über den Frieden.*

Consulite, ne quis in periculum incidat! ***Sorgt dafür****, dass niemand in Gefahr gerät!*

Paci **consulendum est** tibi. *Du* ***musst*** *um den Frieden* ***besorgt sein.***

Tyrannus in cives saevissime **consuluit.** *Der Tyrann* ***ging*** *sehr grausam gegen die Bürger* ***vor.***

Severe **consulendum est** in eos, qui non toti civitati **consulunt.** *Streng* ***muss man*** *gegen die* ***verfahren****, die nicht für die gesamte Bürgerschaft* ***sorgen.***

Tibi **consultum** volo. *Ich will dich* ***versorgt*** *wissen.*

Redewendungen

consulere, ut *dafür sorgen, dass*
oraculum consulere *das Orakel befragen*
senatum consulere *den Senat um Rat fragen*
civibus consulere *für die Bürger sorgen*
dignitati consulere *auf seine Würde bedacht sein*
in aliquem consulere *gegen jdn. vorgehen*
ex re consulere *nach den Umständen verfahren*

Ähnliche Verben

deliberare *beratschlagen, überlegen, abwägen*
providere mit Dativ *sorgen für*
rogare *fragen*

Aufgepasst!

Auf die Bedeutung von consulere weisen in der Regel die davon abhängigen Kasus hin: mit Akkusativ: *befragen*, mit Dativ: *sorgen für*, in mit Akkusativ: *vorgehen gegen*.

Anmerkungen:

20 credere *glauben*

Reduplikationsperfekt

Präsensstamm

Indikativ Präsens
credo
credis
credit
credimus
creditis
credunt

Indikativ Imperfekt
credebam
credebas
credebat
credebamus
credebatis
credebant

Futur I
credam
credes
credet
credemus
credetis
credent

Konjunktiv Präsens
credam
credas
credat
credamus
credatis
credant

Konjunktiv Imperfekt
crederem
crederes
crederet
crederemus
crederetis
crederent

Perfektstamm

Indikativ Perfekt
credidi
credidisti
credidit
credidimus
credidistis
crediderunt

Indikativ Plusquamperfekt
credideram
credideras
crediderat
credideramus
credideratis
crediderant

Futur II
credidero
credideris
crediderit
crediderimus
credideritis
crediderint

Konjunktiv Perfekt
crediderim
credideris
crediderit
crediderimus
credideritis
crediderint

Konjunktiv Plusquamperfekt
credidissem
credidisses
credidisset
credidissemus
credidissetis
credidissent

Nominalformen

Infinitiv Perfekt
credidisse

Infinitiv Futur
crediturum, -am, -um esse

Partizip Präsens
credens
credentis

Partizip Futur
crediturus, -a, -um

Partizip Perfekt Passiv
creditus, -a, -um

Gerund
credendi
(ad) credendum
credendo

Gerundiv
credendus, -a, -um

Supin
creditum
creditu

Imperativ

Imperativ I
crede
credite

Imperativ II
credito
credito
creditote
credunto

Anwendungsbeispiele

Quae volumus, **credimus** libenter. *Was wir wollen,* ***glauben wir*** *gerne.*
Aurea ne **credas**, quaecumque nitescere cernis. ***Halte*** *nicht alles* ***für*** *Gold, was du glänzen siehst!*
Post amicitiam **credendum est**, ante amicitiam iudicandum. *Nachdem Freundschaft geschlossen ist,* ***muss man vertrauen****, vorher genau urteilen.*
Habet unusquisque aliquem, cui tantum **credat**, quantum ipsi **creditum est**. *Ein jeder hat einen Menschen, dem er nur so viel* ***vertraut****, wie ihm selbst* ***vertraut worden ist****.*
Catilina pecuniam **creditam** non reddidit. *Catilina hat* ***geliehenes*** *Geld nicht zurückgegeben.*

Redewendungen

consilia sua credere alicui *jdm. seine Pläne anvertrauen*
falsum pro vero credere *Falsches für wahr halten*
fidei alicuius credere *auf jds. Treue vertrauen*
pecuniam credere alicui *jdm. Geld leihen*

Ähnliche Verben

abdere *verbergen*
addere *hinzufügen*
condere *gründen, aufbewahren*
edere *herausgeben, verbreiten*
perdere *verlieren, vernichten*
prodere *verraten*
reddere *zurückgeben, machen zu*
tradere *übergeben, überliefern*

Aufgepasst!

Das nach dem Muster von peti gebildete Passiv ist persönlich konstruiert, also credor *man glaubt von mir*, crediti sumus *man glaubte von uns*.

Tipps & Tricks

Bei den Komposita zum Verb dare schiebt sich die Reduplikation zwischen das Präfix und das zu -dere veränderte Simplex: ab**di**di *ich habe verborgen.*

Anmerkungen:

21 crescere *wachsen*

v-Perfekt

Präsensstamm

Indikativ Präsens
cresco
crescis
crescit
crescimus
crescitis
crescunt

Indikativ Imperfekt
crescebam
crescebas
crescebat
crescebamus
crescebatis
crescebant

Futur I
crescam
cresces
crescet
crescemus
crescetis
crescent

Konjunktiv Präsens
crescam
crescas
crescat
crescamus
crescatis
crescant

Konjunktiv Imperfekt
crescerem
cresceres
cresceret
cresceremus
cresceretis
crescerent

Perfektstamm

Indikativ Perfekt
crevi
crevisti
crevit
crevimus
crevistis
creverunt

Indikativ Plusquamperfekt
creveram
creveras
creverat
creveramus
creveratis
creverant

Futur II
crevero
creveris
creverit
creverimus
creveritis
creverint

Konjunktiv Perfekt
creverim
creveris
creverit
creverimus
creveritis
creverint

Konjunktiv Plusquamperfekt
crevissem
crevisses
crevisset
crevissemus
crevissetis
crevissent

Nominalformen

Infinitiv Perfekt
crevisse

Partizip Präsens
crescens
crescentis

Partizip Perfekt Passiv
(cretus, -a, -um)

Gerund
crescendi
(ad) crescendum
crescendo

Imperativ

Imperativ I
cresce
crescite

Imperativ II
crescito
crescito
crescitote
crescunto

Anwendungsbeispiele

Ingenii vis praeceptis alitur et **crescit**. *Die Geisteskraft erhält durch Unterweisung ihre Nahrung und* ***wächst****.*

Difficulter reciduntur vitia, quae nobiscum **creverunt**. *Unter Schwierigkeiten werden die Fehler zurückgeschnitten, die mit uns* ***groß geworden sind****.*

Infinita cupido **crescendi** Caesarem in longinquas regiones traxit. *Unendliche Gier* ***nach Machtzuwachs*** *trieb Caesar in ferne Gebiete.*

Sapiens contentus est usque eo **crevisse**, quo manus fortuna non porrigit. *Der Weise ist zufrieden, bis zu dem Punkt* ***emporgestiegen zu sein****, wohin das Schicksal seine Hände nicht ausstrecken kann.*

Sprichwörter

Crescunt anni, decrescunt vires. *Die Jahre* ***nehmen zu****, die Kräfte ab.*

Crescentem sequitur cura pecuniam maiorumque fames. *Dem* ***wachsenden*** *Reichtum folgen die Sorge und der Hunger nach noch größerem.*

Fama **crescit** eundo. *Das Gerücht* ***weitet sich*** *mit seiner Verbreitung* ***aus****.*

Crescent sermones, ubi convenerint mulieres. *Die Gespräche* ***nehmen zu****, sobald Frauen zusammenkommen.*

Concordiā parvae res **crescunt**, discordiā maximae dilabuntur. *Durch Eintracht* ***werden*** *kleine Gesellschaften* ***groß****, durch Zwietracht zerfallen die größten.*

Andere Verben

deficere *schwinden, abnehmen*
lenire *mildern*
levare *erleichtern*
minuere *vermindern*
remittere *nachlassen*
decrescere *abnehmen, sich vermindern*

Aufgepasst!

Wie crescere werden decernere, discernere und secernere konjugiert.

Anmerkungen:

22 cupere *wünschen, begehren*

v-Perfekt

Präsensstamm

Indikativ Präsens
cupio
cupis
cupit
cupimus
cupitis
cupiunt

Indikativ Imperfekt
cupiebam
cupiebas
cupiebat
cupiebamus
cupiebatis
cupiebant

Futur I
cupiam
cupies
cupiet
cupiemus
cupietis
cupient

Konjunktiv Präsens
cupiam
cupias
cupiat
cupiamus
cupiatis
cupiant

Konjunktiv Imperfekt
cuperem
cuperes
cuperet
cuperemus
cuperetis
cuperent

Perfektstamm

Indikativ Perfekt
cupivi
cupivisti
cupivit
cupivimus
cupivistis
cupiverunt

Indikativ Plusquamperfekt
cupiveram
cupiveras
cupiverat
cupiveramus
cupiveratis
cupiverant

Futur II
cupivero
cupiveris
cupiverit
cupiverimus
cupiveritis
cupiverint

Konjunktiv Perfekt
cupiverim
cupiveris
cupiverit
cupiverimus
cupiveritis
cupiverint

Konjunktiv Plusquamperfekt
cupivissem
cupivisses
cupivisset
cupivissemus
cupivissetis
cupivissent

Nominalformen

Infinitiv Perfekt
cupivisse

Infinitiv Futur
cupiturum, -am, -um esse

Partizip Präsens
cupiens
cupientis

Partizip Futur
cupiturus, -a, -um

Partizip Perfekt Passiv
cupitus, -a, -um

Gerund
cupiendi
(ad) cupiendum
cupiendo

Gerundiv
cupiendus, -a, -um

Supin
cupitum
cupitu

Imperativ

Imperativ I
cupe
cupite

Imperativ II
cupito
cupito
cupitote
cupiunto

Anwendungsbeispiele

Cupio te adesse. ***Ich wünsche,*** *dass du anwesend bist.*

Qui multum habet, plus **cupit**. *Wer viel hat,* ***begehrt*** *noch mehr.*

Non sum tam demens, ut aegrotare **cupiam**. *Ich bin nicht so von Sinnen, dass* ***ich*** *danach* ***verlange*** *krank zu werden.*

Prudens omni modo consequi **cupiet**, quod est optimum. *Der Kluge* ***wird*** *auf jede Weise das Beste zu erreichen* ***suchen****.*

Quomodo Maecenas vixerit, quam **cupiverit** videri, notum est. *Wie Mäzenas lebte und wie* ***er darauf aus war*** *gesehen zu werden, ist bekannt.*

Par voluntas honesta **cupiendi** animos in societatem trahit. *Der gleiche Wille, Ehrenhaftes* ***zu erstreben****, zwingt die Menschen zur Gemeinschaft.*

Nihil obstat exire **cupienti**. *Nichts hindert* ***den, der verlangt*** *wegzugehen.*

Sprichwörter

Stultus est, qui **cupita cupiens** cupienter **cupit**. *Ein Tor ist, wer,* ***wenn er Erwünschtes erstrebt****, leidenschaftliches* ***Begehren zeigt****.*

Nitimur in vetitum semper **cupimus**que negata. *Immer drängen* ***wir*** *zum Verbotenen und* ***begehren****, was uns versagt ist.*

Si careas aere, **cupiet** te nemo videre. *Wenn du kein Geld hast,* ***wird*** *keiner dich sehen* ***wollen****.*

Ähnliche Verben

desiderare *ersehnen, vermissen*
optare *wünschen*
petere *begehren*
poscere *fordern*
velle *wollen*

Gebrauch

Das Verb cupere ist, wenn im Nebensatz kein neues Subjekt eintritt, mit dem Infinitiv konstruiert, sonst mit dem AcI.

Tipps & Tricks

Oft entfällt das Perfektkennzeichen v. Sie finden also z. B. statt cupivisse die Formen cupiisse oder cupīsse.

Anmerkungen:

23 dare *geben*

Reduplikationsperfekt

Präsensstamm

Indikativ Präsens
do
das
dat
damus
datis
dant

Indikativ Imperfekt
dabam
dabas
dabat
dabamus
dabatis
dabant

Futur I
dabo
dabis
dabit
dabimus
dabitis
dabunt

Konjunktiv Präsens
dem
des
det
demus
detis
dent

Konjunktiv Imperfekt
darem
dares
daret
daremus
daretis
darent

Perfektstamm

Indikativ Perfekt
dedi
dedisti
dedit
dedimus
dedistis
dederunt

Indikativ Plusquamperfekt
dederam
dederas
dederat
dederamus
dederatis
dederant

Futur II
dedero
dederis
dederit
dederimus
dederitis
dederint

Konjunktiv Perfekt
dederim
dederis
dederit
dederimus
dederitis
dederint

Konjunktiv Plusquamperfekt
dedissem
dedisses
dedisset
dedissemus
dedissetis
dedissent

Nominalformen

Infinitiv Perfekt
dedisse

Infinitiv Futur
daturum, -am, -um esse

Partizip Präsens
dans
dantis

Partizip Futur
daturus, -a, -um

Partizip Perfekt Passiv
datus, -a, -um

Gerund
dandi
(ad) dandum
dando

Gerundiv
dandus, -a, -um

Supin
datum
datu

Imperativ

Imperativ I	Imperativ II
da	dato
date	dato
	datote
	danto

Anwendungsbeispiele

Do, ut **des**. ***Ich gebe*** *(etwas), damit* ***du*** *(mir etwas)* ***gibst****.*

Demus igitur imperium Caesari! ***Übertragen wir*** *also Caesar den Oberbefehl!*

Nil sine magno vita labore **dedit** mortalibus. *Nie* ***schenkte*** *das Leben den Menschen etwas ohne große Anstrengung.*

Signa tubae **dederant**. *Die Trompeten* ***hatten*** *das Signal* ***gegeben****.*

Sacerdos vincta in custodiam **datur**. *Die Priesterin* ***wird*** *gefesselt in Gewahrsam* ***genommen****.*

Tum **signo dato** caedibus finis factus est. *Dann wurde* ***auf ein Signal hin*** *dem Morden ein Ende gemacht.*

Redewendungen

se dare alicui rei *sich einer Sache widmen, hingeben*
dextram dare alicui *jdm. die Hand reichen*
nomen dare *sich zum Kriegsdienst melden*
operam dare alicui rei *Mühe auf etw. verwenden*
poenas dare alicuius rei *für etw. bestraft werden*
veniam dare alicui *jdm. Nachsicht schenken, verzeihen*
vitio dare aliquid *etw. als Fehler anrechnen*

Ähnliche Verben

donare *schenken*
largiri *schenken, spenden*
porrigere *darreichen, gewähren*
tribuere *zuweisen, zuteilen*

Aufgepasst!

Das Passiv zu dare wird nach dem Muster von superari gebildet.
Wie dare wird auch circumdare konjugiert. Die übrigen Komposita folgen der konsonantischen Konjugation (▷ credere 20).

Anmerkungen:

24 defendere *verteidigen, schützen*

Perfekt ohne Stammveränderung

Präsensstamm

Indikativ Präsens
defendo
defendis
defendit
defendimus
defenditis
defendunt

Indikativ Imperfekt
defendebam
defendebas
defendebat
defendebamus
defendebatis
defendebant

Futur I
defendam
defendes
defendet
defendemus
defendetis
defendent

Konjunktiv Präsens
defendam
defendas
defendat
defendamus
defendatis
defendant

Konjunktiv Imperfekt
defenderem
defenderes
defenderet
defenderemus
defenderetis
defenderent

Perfektstamm

Indikativ Perfekt
defendi
defendisti
defendit
defendimus
defendistis
defenderunt

Indikativ Plusquamperfekt
defenderam
defenderas
defenderat
defenderamus
defenderatis
defenderant

Futur II
defendero
defenderis
defenderit
defenderimus
defenderitis
defenderint

Konjunktiv Perfekt
defenderim
defenderis
defenderit
defenderimus
defenderitis
defenderint

Konjunktiv Plusquamperfekt
defendissem
defendisses
defendisset
defendissemus
defendissetis
defendissent

Nominalformen

Infinitiv Perfekt
defendisse

Infinitiv Futur
defensurum, -am, -um esse

Partizip Präsens
defendens
defendentis

Partizip Futur
defensurus, -a, -um

Partizip Perfekt Passiv
defensus, -a, -um

Gerund
defendendi
(ad) defendendum
defendendo

Gerundiv
defendendus, -a, -um

Supin
defensum
defensu

Imperativ

Imperativ I
defende
defendite

Imperativ II
defendito
defendito
defenditote
defendunto

Anwendungsbeispiele

Qui amicum non **defendit** alio culpante, hunc caveto! *Hüte dich vor dem, der den Freund nicht gegen fremde Beschuldigung* ***in Schutz nimmt!***

Me mea **defendit** gravitas frustraque petebar. *Mein Ansehen* ***hat*** *mich* ***geschützt*** *und ich wurde erfolglos angegriffen.*

Si Pergama manu **defendi** possent, hāc meā **defensa essent.** *Wenn Pergamon mit der Hand* ***verteidigt werden*** *könnte,* ***wäre es*** *durch diese meine Hand* ***verteidigt worden.***

Libertatem **defendi**, patriam servavi. ***Ich habe*** *die Freiheit* ***verteidigt****, das Vaterland gerettet.*

Beneficium vocamus reum capitis **defendisse.** *Wir nennen es eine Wohltat, einen auf Leben und Tod Angeklagten* ***verteidigt zu haben.***

Audacia plus potest, ubi **ad defendendum** opes minores sunt. *Der Wagemut vermag mehr, wo die Mittel* ***zur Verteidigung*** *zu gering sind.*

Sprichwörter

Felix, qui quod amat, **defendere** fortiter audet. *Glücklich ist, wer das, was er liebt, tapfer* ***zu vertreten*** *wagt.*

Andere Verben

accusare *anklagen*
aggredi *angreifen*
deserere *im Stich lassen*
opprimere *überwältigen*
oppugnare *bekämpfen*
repudiare *abweisen*
offendere *Anstoß erregen, beleidigen*

Aufgepasst!

Beachten Sie bitte, dass einige Formen des Präsens- und Perfektstammes gleich sind!
Das Passiv wird nach dem Muster des Verbs peti gebildet.

Tipps & Tricks

Wie defendere werden konjugiert:
incendere *anzünden*, ascendere *ersteigen*, reprehendere *tadeln*, vertere *wenden*.

Anmerkungen:

25 ducere *führen, halten für*

s-Perfekt, -cs- → -x-

Präsensstamm

Indikativ Präsens
duco
ducis
ducit
ducimus
ducitis
ducunt

Indikativ Imperfekt
ducebam
ducebas
ducebat
ducebamus
ducebatis
ducebant

Futur I
ducam
duces
ducet
ducemus
ducetis
ducent

Konjunktiv Präsens
ducam
ducas
ducat
ducamus
ducatis
ducant

Konjunktiv Imperfekt
ducerem
duceres
duceret
duceremus
duceretis
ducerent

Perfektstamm

Indikativ Perfekt
duxi
duxisti
duxit
duximus
duxistis
duxerunt

Indikativ Plusquamperfekt
duxeram
duxeras
duxerat
duxeramus
duxeratis
duxerant

Futur II
duxero
duxeris
duxerit
duxerimus
duxeritis
duxerint

Konjunktiv Perfekt
duxerim
duxeris
duxerit
duxerimus
duxeritis
duxerint

Konjunktiv Plusquamperfekt
duxissem
duxisses
duxisset
duxissemus
duxissetis
duxissent

Nominalformen

Infinitiv Perfekt
duxisse

Infinitiv Futur
ducturum, -am, -um esse

Partizip Präsens
ducens
ducentis

Partizip Futur
ducturus, -a, -um

Partizip Perfekt Passiv
ductus, -a, -um

Gerund
ducendi
(ad) ducendum
ducendo

Gerundiv
ducendus, -a, -um

Supin
ductum
ductu

Imperativ

Imperativ I
duc
ducite

Imperativ II
ducito
ducito
ducitote
ducunto

Anwendungsbeispiele

Stultus venatum **ducit** invitos canes. *Ein Tor **führt** unwillige Hunde zur Jagd.*
Caesar exercitum in fines Helvetiorum **duxerat**. *Caesar **hatte** sein Heer ins Gebiet der Helvetier **geführt**.*
Leges ad puniendum non iracundia, sed aequitate **ducuntur**. *Strafgesetze **werden** nicht durch Zorn, sondern durch Gerechtigkeit **veranlasst**.*
Magni **ducendum est** ea parva **ducere**, quae plerisque eximia videntur. ***Es muss** hoch **eingeschätzt werden**, das als gering **anzusehen**, was den meisten als vortrefflich erscheint.*
Cognitionem rerum ad beate vivendum necessariam **ducimus**. *Die Erkenntnis der Realität **erachten wir** als notwendig für ein glückliches Leben.*

Redewendungen

bellum ducere *einen Krieg in die Länge ziehen*
nomen ducere a *den Namen herleiten von*
spiritum ducere *atmen*
uxorem/in matrimonium ducere *(eine Frau) heiraten*
in amicos ducere aliquem *jdn. zu den Freunden zählen*

Ähnliche Verben

adducere *heranführen, verleiten*
conducere *anwerben, mieten*
inducere *veranlassen, einführen*
producere *hervorbringen, fortführen*
traducere *hinüberführen, hinbringen*

Gebrauch

Ist das Verb ducere mit doppeltem Akkusativ verbunden, bedeutet es oft *halten für/ansehen als*. Eine Wertbezeichnung steht im Genitiv (Genitivus pretii): aliquid magni/parvi ducere *etw. hoch/gering einschätzen.*
Das Passiv wird nach dem Muster von peti gebildet.

Tipps & Tricks

Wie ducere wird auch dicere *sagen* konjugiert.

Anmerkungen:

26 emere *kaufen*

Dehnungsperfekt

Präsensstamm

Indikativ Präsens
emo
emis
emit
emimus
emitis
emunt

Indikativ Imperfekt
emebam
emebas
emebat
emebamus
emebatis
emebant

Futur I
emam
emes
emet
ememus
emetis
ement

Konjunktiv Präsens
emam
emas
emat
emamus
ematis
emant

Konjunktiv Imperfekt
emerem
emeres
emeret
emeremus
emeretis
emerent

Perfektstamm

Indikativ Perfekt
ēmi
ēmisti
ēmit
ēmimus
ēmistis
ēmerunt

Indikativ Plusquamperfekt
ēmeram
ēmeras
ēmerat
ēmeramus
ēmeratis
ēmerant

Futur II
ēmero
ēmeris
ēmerit
ēmerimus
ēmeritis
ēmerint

Konjunktiv Perfekt
ēmerim
ēmeris
ēmerit
ēmerimus
ēmeritis
ēmerint

Konjunktiv Plusquamperfekt
ēmissem
ēmisses
ēmisset
ēmissemus
ēmissetis
ēmissent

Nominalformen

Infinitiv Perfekt
ēmisse

Infinitiv Futur
ēmpturum, -am, -um esse

Partizip Präsens
emens
ementis

Partizip Futur
ēmpturus, -a, -um

Partizip Perfekt Passiv
ēmptus, -a, -um

Gerund
emendi
(ad) emendum
emendo

Gerundiv
emendus, -a, -um

Supin
ēmptum
ēmptu

Imperativ

Imperativ I
eme
emite

Imperativ II
emito
emito
emitote
emunto

Anwendungsbeispiele

Eme et habebis! ***Kaufe** und du wirst (etwas) haben!*

Ego spem pretio non **emam.** ***Ich werde** Hoffnung nicht um Geld **kaufen.***

Rem involutam **emes**? ***Wirst du** eine eingewickelte Sache **kaufen**?*

Emitur sola virtute potestas. *Macht **wird** nur durch Tüchtigkeit **erkauft.***

Civitates aut vicerat aut **emerat** Philippus. *Philipp **hatte** die Städte entweder besiegt oder **bestochen.***

Ementibus ornamenta ipsa suspecta sunto! ***Den Käufern** soll gerade der Zierrat verdächtig sein!*

Verres sperabat se iudices **empturum esse.** *Verres hoffte, dass er die Richter **mit Geld gewinnen werde.***

Aetate Augusti servi minoris **empti sunt** quam boves. *Zur Zeit des Augustus **wurden** Sklaven billiger **gekauft** als Rinder.*

Nocet **empta** dolore voluptas. *Um Schmerz **erkauftes** Vergnügen ist schädlich.*

Redewendungen

magno emere *teuer kaufen*

legatos emere *Gesandte bestechen*

pacem donis emere *den Frieden mit Geschenken erkaufen*

suā pecuniā emere *aus eigenen Mitteln kaufen*

Ähnliche Verben

adimere *an sich nehmen, wegnehmen*

dirimere *trennen, unterbrechen*

eximere *herausnehmen, wegnehmen*

interimere *beseitigen, töten*

redimere *loskaufen*

Aufgepasst!

Das Passiv wird nach dem Muster des Verbs peti gebildet.

Tipps & Tricks

Bei emere erscheint die Wertangabe meist im Ablativ, die vergleichende Wertangabe meist im Genitiv:

parvo emere *billig kaufen*

minoris emere *billiger kaufen*

Anmerkungen:

27 esse *sein*

Perfekt mit anderem Stamm

Präsensstamm

Indikativ Präsens

sum
es
est
sumus
estis
sunt

Indikativ Imperfekt

eram
eras
erat
eramus
eratis
erant

Futur I

ero
eris
erit
erimus
eritis
erunt

Konjunktiv Präsens

sim
sis
sit
simus
sitis
sint

Konjunktiv Imperfekt

essem
esses
esset
essemus
essetis
essent

Perfektstamm

Indikativ Perfekt

fui
fuisti
fuit
fuimus
fuistis
fuerunt

Indikativ Plusquamperfekt

fueram
fueras
fuerat
fueramus
fueratis
fuerant

Futur II

fuero
fueris
fuerit
fuerimus
fueritis
fuerint

Konjunktiv Perfekt

fuerim
fueris
fuerit
fuerimus
fueritis
fuerint

Konjunktiv Plusquamperfekt

fuissem
fuisses
fuisset
fuissemus
fuissetis
fuissent

Nominalformen

Infinitiv Perfekt

fuisse

Infinitiv Futur

futurum, -am, -um esse
fore

Partizip Futur

futurus, -a, -um

Imperativ

Imperativ I

es
este

Imperativ II

esto
esto
estote
sunto

Anwendungsbeispiele

Ubicumque homo **est**, ibi beneficii locus **est**. *Überall, wo ein Mensch **ist**, **bietet sich** auch die Gelegenheit für eine Wohltat.*

Infirmi animi **est** pati non posse divitias. ***Es zeugt** von einem schwachen Geist, Reichtum nicht ertragen zu können.*

Est locus unicuique suus. *Jeder Einzelne **hat** seinen Platz.*

Est nullum malum sine aliquo bono. ***Es gibt** kein Übel ohne eine gute Seite.*

Sum semperque **fui** pauper, sed non obscurus nec male notus. ***Ich bin** und **war** immer arm, aber nicht unbekannt und nicht ohne guten Ruf.*

Quid **sit futurum** cras, fuge quaerere! *Frage nicht, was morgen **sein wird**!*

Sprichwörter

Orandum est, ut **sit** mens sana in corpore sano. ***Man muss darum beten**, dass ein gesunder Geist in einem gesunden Körper **sei**.*

Est modus in rebus, **sunt** certi denique fines. *In allem **gibt es** ein Maß und schließlich **gibt es** bestimmte Grenzen.*

Ähnliche Verben

abesse *abwesend sein*
adesse *anwesend sein, beistehen*
deesse *fehlen*
interesse *teilnehmen*
obesse *schaden*
praeesse *an der Spitze stehen*
prodesse *nützen*

Gebrauch

Esse kann sowohl als Hilfsverb als auch als Vollverb auftreten. Der Infinitiv Futur in der Form fore ist unveränderlich.
Ein Partizip Präsens erscheint bei abesse und praeesse: absens, absentis *abwesend* und praesens, praesentis *gegenwärtig, anwesend*.

Tipps & Tricks

Bevor Sie sich auf eine Übersetzung von esse festlegen, überprüfen Sie bitte, ob es mit einem Prädikatsnomen, mit Genitiv, Dativ, Gerundiv oder mit ut verbunden ist.

Anmerkungen:

(28) experiri *erproben, prüfen*

Deponens

Präsensstamm

Indikativ Präsens
experior
experiris
experitur
experimur
experimini
experiuntur

Indikativ Imperfekt
experiebar
experiebaris
experiebatur
experiebamur
experiebamini
experiebantur

Futur I
experiar
experieris
experietur
experiemur
experiemini
experientur

Konjunktiv Präsens
experiar
experiaris
experiatur
experiamur
experiamini
experiantur

Konjunktiv Imperfekt
experirer
experireris
experiretur
experiremur
experiremini
experirentur

Perfektstamm

Indikativ Perfekt
expertus, -a, -um sum
expertus, -a, -um es
expertus, -a, -um est
experti, -ae, -a sumus
experti, -ae, -a estis
experti, -ae, -a sunt

Indikativ Plusquamperfekt
expertus, -a, -um eram
expertus, -a, -um eras
expertus, -a, -um erat
experti, -ae, -a eramus
experti, -ae, -a eratis
experti, -ae, -a erant

Futur II
expertus, -a, -um ero
expertus, -a, -um eris
expertus, -a, -um erit
experti, -ae, -a erimus
experti, -ae, -a eritis
experti, -ae, -a erunt

Konjunktiv Perfekt
expertus, -a, -um sim
expertus, -a, -um sis
expertus, -a, -um sit
experti, -ae, -a simus
experti, -ae, -a sitis
experti, -ae, -a sint

Konjunktiv Plusquamperfekt
expertus, -a, -um essem
expertus, -a, -um esses
expertus, -a, -um esset
experti, -ae, -a essemus
experti, -ae, -a essetis
experti, -ae, -a essent

Nominalformen

Infinitiv Perfekt
expertum, -am, -um esse

Infinitiv Futur
experturum, -am, -um esse

Partizip Präsens
experiens
experientis

Partizip Futur
experturus, -a, -um

Partizip Perfekt
expertus, -a, -um

Gerund
experiendi
(ad) experiendum
experiendo

Gerundiv
experiendus, -a, -um

Imperativ

Imperativ I
experi**re**
experi**mini**

Anwendungsbeispiele

In rebus arduis fidem amicorum **experiemur**. *In schwierigen Situationen **werden wir** die Treue der Freunde **erproben**.*

Equites **experiebantur**, quomodo res suas mutare possent. *Der Ritterstand **prüfte**, wie er seine Lage ändern könnte.*

Experiar, si tibi auxilium ferre possim. ***Ich will versuchen**, ob ich dir helfen kann.*

Hominem multa **experiri** paupertas iubet. *Die Armut lässt den Menschen viele **Erfahrungen machen**.*

Cicero Atticum constantem amicum **expertus est**. *Cicero **erlebte** Atticus als standhaften Freund.*

Expertus loquor. *Ich spreche **aus Erfahrung**.*

Redewendungen

acerba experiri *Bitteres durchmachen*
animum alicuius experiri *jdn. kennenlernen*
extrema/ultima experiri *es auf das Äußerste ankommen lassen*
labores experiri *Mühen aushalten*
libertatem experiri *von der Freiheit Gebrauch machen*
omnia experiri *nichts unversucht lassen*

Ähnliche Verben

examinare *abwägen, prüfen*
perspicere *durchschauen*
probare *billigen, prüfen*
spectare *genau betrachten*
temptare *auf die Probe stellen*

Gebrauch

Experiri kann mit Akkusativobjekt, mit indirektem Fragesatz oder auch ohne Objekt in der Bedeutung von *einen Versuch machen* verwendet sein.

Anmerkungen:

29 facere *machen, tun*

Dehnungsperfekt

Präsensstamm

Indikativ Präsens
facio
facis
facit
facimus
facitis
faciunt

Indikativ Imperfekt
faciebam
faciebas
faciebat
faciebamus
faciebatis
faciebant

Futur I
faciam
facies
faciet
faciemus
facietis
facient

Konjunktiv Präsens
faciam
facias
faciat
faciamus
faciatis
faciant

Konjunktiv Imperfekt
facerem
faceres
faceret
faceremus
faceretis
facerent

Perfektstamm

Indikativ Perfekt
fēci
fēcisti
fēcit
fēcimus
fēcistis
fēcerunt

Indikativ Plusquamperfekt
fēceram
fēceras
fēcerat
fēceramus
fēceratis
fēcerant

Futur II
fēcero
fēceris
fēcerit
fēcerimus
fēceritis
fēcerint

Konjunktiv Perfekt
fēcerim
fēceris
fēcerit
fēcerimus
fēceritis
fēcerint

Konjunktiv Plusquamperfekt
fēcissem
fēcisses
fēcisset
fēcissemus
fēcissetis
fēcissent

Nominalformen

Infinitiv Perfekt
fēcisse

Infinitiv Futur
facturum, -am, -um esse

Partizip Präsens
faciens
facientis

Partizip Futur
facturus, -a, -um

Partizip Perfekt Passiv
factus, -a, -um

Gerund
faciendi
(ad) faciendum
faciendo

Gerundiv
faciendus, -a, -um

Supin
factum
factu

Imperativ

Imperativ I
fac
facite

Imperativ II
facito
facito
facitote
faciunto

Anwendungsbeispiele

Barba neminem **facit** philosophum. *Der Bart **macht** keinen **zum** Philosophen.*
Felix, quem **faciunt** aliena pericula cautum. *Glücklich ist, wen die Gefahren anderer vorsichtig **machen**.*
Puella **faciat**, ut eam amem. *Das Mädchen **sorge dafür**, dass ich es liebe.*
Dic, quod verum, **fac**, quod rectum! *Sag, was wahr ist, und **tu**, was recht ist!*
Non omnes, qui **faciunt facienda** sapientibus, sapientes ducendi sunt. *Nicht alle, die **leisten**, **was** Weise **leisten sollen**, dürfen als Weise gelten.*
Aliis ne **feceris**, quod tibi fieri non vis. *Was du nicht willst, dass dir geschieht, das **tu** auch anderen nicht **an**!*

Redewendungen

certiorem facere aliquem de aliqua re *jdn. über etw. benachrichtigen*
magni facere aliquid *etw. hoch einschätzen*
pacem facere *Frieden schließen*
reum facere aliquem *jdn. anklagen*
dicionis suae facere aliquid *etw. in seine Gewalt bringen*
e re publica facere *im Sinne des Staates handeln*

Ähnliche Verben

assuefacere *gewöhnen an*
benefacere *Gutes tun*
labefacere *erschüttern*
obstupefacere *in Erstaunen versetzen*
patefacere *öffnen*
satisfacere *zufriedenstellen*

Aufgepasst!

Als Passiv von facere und den Komposita mit dem Bestandteil -fac- tritt das Semideponens fieri (▷ 31) auf: porta patefit *die Tür wird geöffnet*, satisfio *ich werde zufriedengestellt*.

Tipps & Tricks

Weitere kurze Imperative wie fac *mach* sind: dic *sprich*, duc *führe*, und fer *bringe*.

Anmerkungen:

30 ferre *tragen, bringen*

Perfekt mit Stammwechsel

Präsensstamm

Indikativ Präsens
fero
fers
fert
ferimus
fertis
ferunt

Indikativ Imperfekt
ferebam
ferebas
ferebat
ferebamus
ferebatis
ferebant

Futur I
feram
feres
feret
feremus
feretis
ferent

Konjunktiv Präsens
feram
feras
ferat
feramus
feratis
ferant

Konjunktiv Imperfekt
ferrem
ferres
ferret
ferremus
ferretis
ferrent

Perfektstamm

Indikativ Perfekt
tuli
tulisti
tulit
tulimus
tulistis
tulerunt

Indikativ Plusquamperfekt
tuleram
tuleras
tulerat
tuleramus
tuleratis
tulerant

Futur II
tulero
tuleris
tulerit
tulerimus
tuleritis
tulerint

Konjunktiv Perfekt
tulerim
tuleris
tulerit
tulerimus
tuleritis
tulerint

Konjunktiv Plusquamperfekt
tulissem
tulisses
tulisset
tulissemus
tulissetis
tulissent

Nominalformen

Infinitiv Perfekt
tulisse

Infinitiv Futur
laturum, -am, -um esse

Partizip Präsens
ferens
ferentis

Partizip Futur
laturus, -a, -um

Partizip Perfekt Passiv
latus, -a, -um

Gerund
ferendi
(ad) ferendum
ferendo

Gerundiv
ferendus, -a, -um

Imperativ

Imperativ I
fer
ferte

Imperativ II
ferto
ferto
fertote
ferunto

Anwendungsbeispiele

Sacrilegia minuta puniuntur, magna **in triumphis feruntur**. *Kleine Vergehen werden bestraft, große* ***verherrlicht****.*

Quod fortuna **feret**, **feremus** aequo animo. *Was das Schicksal* ***bringen wird****,* ***werden wir*** *mit Gleichmut* ***ertragen****.*

Hos ego versiculos feci, **tulit** alter honores. *Ich habe diese Verse verfasst, ein anderer* ***erntete*** *dafür die Anerkennung.*

Non moleste **fero** me laboris mei, vos virtutis vestrae fructum **esse laturos**. ***Ich ertrage*** *es nicht ungern, dass ich für meine Mühe, ihr für eure Tüchtigkeit den Lohn* ***ernten werdet****.*

Veterem **ferendo** iniuriam invitas novam. ***Indem du*** *altes Unrecht* ***duldest****, ermunterst du zu neuem.*

Redewendungen

aegre/moleste ferre aliquid *über etw. ungehalten sein, sich ärgern über*

prae se ferre aliquid *etw. zur Schau tragen*

laudibus ferre aliquid *etw. rühmend hervorheben*

legem ferre *ein Gesetz beantragen*

Ähnliche Verben

afferre *melden*

auferre *wegbringen, rauben*

conferre *vergleichen*

differre *aufschieben, sich unterscheiden*

perferre *ertragen*

Gebrauch

Das Passiv wird nach dem Muster von peti gebildet. Davon abweichende Formen sind: Infinitiv Präsens ferri; 2. und 3. Person Indikativ Präsens ferris *du wirst getragen*, fertur *er wird getragen* sowie der Konjunktiv Imperfekt ferrer, ferreris usw.

Anmerkungen:

31 fieri *(gemacht) werden, geschehen*

Semideponens

Präsensstamm

Indikativ Präsens
fio
fis
fit
fimus
fitis
fiunt

Indikativ Imperfekt
fiebam
fiebas
fiebat
fiebamus
fiebatis
fiebant

Futur I
fiam
fies
fiet
fiemus
fietis
fient

Konjunktiv Präsens
fiam
fias
fiat
fiamus
fiatis
fiant

Konjunktiv Imperfekt
fierem
fieres
fieret
fieremus
fieretis
fierent

Perfektstamm

Indikativ Perfekt
factus, -a, -um sum
factus, -a, -um es
factus, -a, -um est
facti, -ae, -a sumus
facti, -ae, -a estis
facti, -ae, -a sunt

Indikativ Plusquamperfekt
factus, -a, -um eram
factus, -a, -um eras
factus, -a, -um erat
facti, -ae, -a eramus
facti, -ae, -a eratis
facti, -ae, -a erant

Futur II
factus, -a, -um ero
factus, -a, -um eris
factus, -a, -um erit
facti, -ae, -a erimus
facti, -ae, -a eritis
facti, -ae, -a erunt

Konjunktiv Perfekt
factus, -a, -um sim
factus, -a, -um sis
factus, -a, -um sit
facti, -ae, -a simus
facti, -ae, -a sitis
facti, -ae, -a sint

Konjunktiv Plusquamperfekt
factus, -a, -um essem
factus, -a, -um esses
factus, -a, -um esset
facti, -ae, -a essemus
facti, -ae, -a essetis
facti, -ae, -a essent

Nominalformen

Infinitiv Perfekt
factum, -am, -um esse

Infinitiv Futur
futurum, -am, -um esse
fore

Partizip Futur
futurus, -a, -um

Partizip Perfekt
factus, -a, -um

Imperativ

Imperativ I
fi
fite

Anwendungsbeispiele

Fiat Lux! Et **facta est** lux. *__Es werde__ Licht! Und __es wurde__ Licht.*

Iniuria est omne, quod non iure **fit**. *Unrecht ist alles, was nicht mit Recht __geschieht__.*

Quod vis tibi **fieri**, aliis praestare memento! *Denke daran, anderen das zu erweisen, was du willst, dass dir __getan wird__!*

Facta infecta **fieri** non possunt. *__Geschehenes__ kann nicht ungeschehen __gemacht werden__.*

Nascuntur poetae, oratores **fiunt**. *Als Dichter __wird man__ geboren, zum Redner __ausgebildet__.*

Epistula scribitur, ut is, ad quem scribitur, **certior fiat** de novis rebus. *Ein Brief wird geschrieben, damit der Adressat über Neuigkeiten __informiert wird__.*

Romae saepe ludi gladiatorii **fiebant**. *In Rom __wurden__ oft Gladiatorenspiele __veranstaltet__.*

Sprichwörter

Quanti quisque alios facit, tanti solet ipse **fieri**. *Jeder __wird__ gewöhnlich so hoch __eingeschätzt__, wie er andere einschätzt.*

Leve **fit**, quod bene fertur onus. *Die Last, die gern getragen wird, __wird__ leicht.*

Fies confusus, placeat tibi si malus usus. *__Du wirst__ aus der Bahn __geraten__, wenn dir schlechter Umgang gefallen sollte.*

Ähnliche Verben

apparere *auftreten*
evadere *hervorgehen, sich entwickeln zu*
exsistere *werden, hervortreten*
oriri *entstehen*

Aufgepasst!

Fieri ersetzt das Passiv von facere und seinen Komposita. Die Komposita mit dem Bestandteil -fic- (▷ 7) folgen im Passiv dem Muster affici (▷ 8).

Tipps & Tricks

Die Redewendungen mit facere gelten auch für fieri: Uxor certior fit. *Die Gattin wird benachrichtigt.*

Anmerkungen:

32 flere *weinen, beweinen*

v-Perfekt

Präsensstamm

Indikativ Präsens
fleo
fles
flet
flemus
fletis
flent

Indikativ Imperfekt
flebam
flebas
flebat
flebamus
flebatis
flebant

Futur I
flebo
flebis
flebit
flebimus
flebitis
flebunt

Konjunktiv Präsens
fleam
fleas
fleat
fleamus
fleatis
fleant

Konjunktiv Imperfekt
flerem
fleres
fleret
fleremus
fleretis
flerent

Perfektstamm

Indikativ Perfekt
flevi
flevisti
flevit
flevimus
flevistis
fleverunt

Indikativ Plusquamperfekt
fleveram
fleveras
fleverat
fleveramus
fleveratis
fleverant

Futur II
flevero
fleveris
fleverit
fleverimus
fleveritis
fleverint

Konjunktiv Perfekt
fleverim
fleveris
fleverit
fleverimus
fleveritis
fleverint

Konjunktiv Plusquamperfekt
flevissem
flevisses
flevisset
flevissemus
flevissetis
flevissent

Nominalformen

Infinitiv Perfekt
flevisse

Infinitiv Futur
fleturum, -am, -um esse

Partizip Präsens
flens
flentis

Partizip Futur
fleturus, -a, -um

Partizip Perfekt Passiv
fletus, -a, -um

Gerund
flendi
(ad) flendum
flendo

Gerundiv
flendus, -a, -um

Supin
fletum
fletu

Imperativ

Imperativ I
fle
flete

Imperativ II
fleto
fleto
fletote
flento

Anwendungsbeispiele

Fleo, quod necesse mihi est filium spectare morientem. ***Ich weine**, weil ich meinem Sohn beim Sterben zusehen muss.*

Miserere: gentes nostras **flebunt** miserias. *Erbarme dich: die Völker **werden** unser Elend **beweinen**.*

Oratores casum rei publicae **fleverunt**. *Die Redner **beklagten** den Verfall des Staates.*

Legati **flentes** pacem petiverunt. *Die Gesandten baten **unter Tränen** um Frieden.*

Pater est, qui **fletur**. *Der Vater ist es, **um den man weint**.*

Sprichwörter

Necessitatem ferre, non **flere** decet. *Eine Notlage muss man ertragen, nicht **beklagen**.*

Satius est amicum reparare quam **flere**. *Es ist besser einen Freund wieder zu gewinnen als über einen (verlorenen) **zu weinen**.*

Ähnliche Verben

lacrimare *weinen*
miserari *beklagen, bemitleiden*
plorare *laut weinen, jammern*
queri *klagen, sich beklagen*
deflere *beweinen*

Aufgepasst!

Flere steht im Lateinischen mit Akkusativobjekt, während das Deutsche eine Wendung mit Präposition bevorzugt:
flere aliquid ***über** etw. weinen*
Daher ist im Lateinischen auch das persönlich konstruierte Passiv gebräuchlich:
flemur *wir werden beweint/man weint über uns*
Das Passiv wird nach dem Modell von terreri gebildet.

Tipps & Tricks

Die Verben der e-Konjugation, die v-Perfekt bilden, lauten: (de)flere *(be)weinen*, delere *zerstören*, implere/complere/explere *(er)füllen, anfüllen, ausfüllen*, supplere *ergänzen*, abolere *abschaffen*.

Anmerkungen:

33 haerere *hängen bleiben, stecken bleiben*

s-Perfekt, -rs- → -s-

Präsensstamm

Indikativ Präsens
haereo
haeres
haeret
haeremus
haeretis
haerent

Indikativ Imperfekt
haerebam
haerebas
haerebat
haerebamus
haerebatis
haerebant

Futur I
haerebo
haerebis
haerebit
haerebimus
haerebitis
haerebunt

Konjunktiv Präsens
haeream
haereas
haereat
haereamus
haereatis
haereant

Konjunktiv Imperfekt
haererem
haereres
haereret
haereremus
haereretis
haererent

Perfektstamm

Indikativ Perfekt
haesi
haesisti
haesit
haesimus
haesistis
haeserunt

Indikativ Plusquamperfekt
haeseram
haeseras
haeserat
haeseramus
haeseratis
haeserant

Futur II
haesero
haeseris
haeserit
haeserimus
haeseritis
haeserint

Konjunktiv Perfekt
haeserim
haeseris
haeserit
haeserimus
haeseritis
haeserint

Konjunktiv Plusquamperfekt
haesissem
haesisses
haesisset
haesissemus
haesissetis
haesissent

Nominalformen

Infinitiv Perfekt
haesisse

Infinitiv Futur
haesurum, -am, -um esse

Partizip Präsens
haerens
haerentis

Partizip Futur
haesurus, -a, -um

Gerund
haerendi
(ad) haerendum
haerendo

Imperativ

Imperativ I
haere
haerete

Imperativ II
haereto
haereto
haeretote
haerento

Anwendungsbeispiele

Haerent fugientes in angustiis portarum. *Die Fliehenden* ***bleiben*** *in den engen Stadttoren* ***stecken****.*
Os devoratum fauce lupi **haerebat**. *Ein verschluckter Knochen* ***steckte*** *im Hals des Wolfes* ***fest****.*
Vox faucibus **haesit**. *Die Worte* ***blieben*** *mir im Halse* ***stecken****.*
Legebant mora in duris rubetis **haerentia**. *Sie pflückten Brombeeren,* ***die*** *an dornigen Sträuchern* ***hingen****.*
Naevius mentibus **haeret**. *Naevius* ***haftet*** *uns noch im Gedächtnis.*
Invitus Romam veniam; valde enim in scribendo **haereo**. *Ich werde nur ungern nach Rom kommen;* ***ich kann mich*** *nämlich* ***nicht*** *vom Schreiben* ***losreißen****.*

Redewendungen

complexibus alicuius haerere *jdn. fest umschlungen halten*
in oculis haerere *immer vor Augen schweben*
in tergo hostium haerere *den Feinden im Nacken sitzen*
in vestigio haerere *sich nicht vom Fleck rühren*
in virgine haerere *von einem Mädchen nicht mehr loskommen*

Ähnliche Verben

insidere *festsitzen*
morari *sich aufhalten*
pendere *(herunter)hängen*
remanere *verbleiben*
adhaerere mit Dativ *hängen an*

Aufgepasst!

Für „hängen" gibt es im Lateinischen drei Verben:
pendēre (e-Konjugation) *(herunter)hängen* (intransitiv)
pendĕre (konsonantische Konjugation) *etw. (auf)hängen* (transitiv)
haerēre *hängen bleiben*

Tipps & Tricks

In gleicher Weise wie (ad)haerere bilden auch folgende Verben der i-Konjugation den Perfektstamm:
haurire (hausi) *(aus)schöpfen*
exhaurire (exhausi) *erschöpfen*

Anmerkungen:

34 ire *gehen*

i-Konjugation mit Stammwechsel

Präsensstamm

Indikativ Präsens
eo
is
it
imus
itis
eunt

Indikativ Imperfekt
ibam
ibas
ibat
ibamus
ibatis
ibant

Futur I
ibo
ibis
ibit
ibimus
ibitis
ibunt

Konjunktiv Präsens
eam
eas
eat
eamus
eatis
eant

Konjunktiv Imperfekt
irem
ires
iret
iremus
iretis
irent

Perfektstamm

Indikativ Perfekt
ii
īsti
iit
iimus
īstis
ierunt

Indikativ Plusquamperfekt
ieram
ieras
ierat
ieramus
ieratis
ierant

Futur II
iero
ieris
ierit
ierimus
ieritis
ierint

Konjunktiv Perfekt
ierim
ieris
ierit
ierimus
ieritis
ierint

Konjunktiv Plusquamperfekt
īssem
īsses
īsset
īssemus
īssetis
īssent

Nominalformen

Infinitiv Perfekt
īsse

Infinitiv Futur
iturum, -am, -um esse

Partizip Präsens
iens
euntis

Partizip Futur
iturus, -a, -um

Partizip Perfekt Passiv
itum

Gerund
eundi
(ad) **eu**ndum
eundo

Gerundiv
eundum

Imperativ

Imperativ I
i
ite

Imperativ II
ito
ito
itote
eunto

Anwendungsbeispiele

Sic **eunt** fata hominum. *So* ***laufen*** *die Schicksale der Menschen* ***ab****.*

Prima virtus **eat**, haec signa ferat! *An der Spitze* ***schreite*** *die Tugend, sie trage die Fahne!*

Non dico sapientem uno semper **iturum esse** gradu, sed unā viā. *Ich behaupte nicht, dass der Weise immer in ein und demselben Schritt* ***gehen werde****, sondern auf ein und demselben Weg.*

Ire discitur **eundo**. ***Gehen*** *lernt man* ***durch Gehen****.*

Eamus, non quā **itur**, sed quā **eundum est**! ***Gehen wir*** *nicht, wo* ***man geht****, sondern wo* ***man gehen muss****!*

Tu ne cede malis, sed contra audentior **ito**! *Weiche du nicht dem Übel aus, sondern* ***geh*** *umso mutiger dagegen an!*

Redewendungen

curru ire *im Wagen fahren*

pedibus ire *zu Fuß gehen*

in ius ire *vor Gericht gehen*

Ähnliche Verben

abire *weggehen*

adire *aufsuchen, angreifen*

interire *zugrunde gehen*

perire *zugrunde gehen, umkommen*

praeterire *übergehen*

subire *auf sich nehmen*

transire *überschreiten, verstreichen*

Gebrauch

Einige Komposita von ire sind transitiv und stehen mit Akkusativ. Sie erscheinen häufig in übertragener Bedeutung: consilium inire *einen Plan fassen.*

Tipps & Tricks

Vom intransitiven ire erscheint das Passiv nur unpersönlich: itur *man geht*, itum est *man ist gegangen*, eundum est *man muss gehen*. Im Perfektstamm ist das doppelte i vor s zu einem langen ī geworden.

Anmerkungen:

35 iubere *befehlen*

s-Perfekt mit Assimilation

Präsensstamm

Indikativ Präsens
iubeo
iubes
iubet
iubemus
iubetis
iubent

Indikativ Imperfekt
iubebam
iubebas
iubebat
iubebamus
iubebatis
iubebant

Futur I
iubebo
iubebis
iubebit
iubebimus
iubebitis
iubebunt

Konjunktiv Präsens
iubeam
iubeas
iubeat
iubeamus
iubeatis
iubeant

Konjunktiv Imperfekt
iuberem
iuberes
iuberet
iuberemus
iuberetis
iuberent

Perfektstamm

Indikativ Perfekt
iussi
iussisti
iussit
iussimus
iussistis
iusserunt

Indikativ Plusquamperfekt
iusseram
iusseras
iusserat
iusseramus
iusseratis
iusserant

Futur II
iussero
iusseris
iusserit
iusserimus
iusseritis
iusserint

Konjunktiv Perfekt
iusserim
iusseris
iusserit
iusserimus
iusseritis
iusserint

Konjunktiv Plusquamperfekt
iussissem
iussisses
iussisset
iussissemus
iussissetis
iussissent

Nominalformen

Infinitiv Perfekt
iussisse

Infinitiv Futur
iussurum, -am, -um esse

Partizip Präsens
iubens
iubentis

Partizip Futur
iussurus, -a, -um

Partizip Perfekt Passiv
iussus, -a, -um

Gerund
iubendi
(ad) iubendum
iubendo

Gerundiv
iubendus, -a, -um

Supin
iussum
iussu

Imperativ

Imperativ I
iube
iubete

Imperativ II
iubeto
iubeto
iubetote
iubento

Anwendungsbeispiele

Iubes me bona cogitare, oblivisci malorum. ***Du verordnest** mir, an Gutes zu denken und das Schlimme zu vergessen.*

Quas partīs puella **iubebit**, agas! *Welche Rolle das Mädchen (von dir) **verlangen wird**, die spiele!*

Mater et soror tibi salutem me **iusserunt** dicere. *Mutter und Schwester **trugen** mir **auf**, dich zu grüßen.*

Prandium **iusserat** senex sibi parari. *Der alte Mann **hatte** sich ein Essen zubereiten **lassen**.*

Iuppiter, tuis **iussus** avibus hic prima urbi fundamenta ieci. *Jupiter, **wie** deine Vögel mir **gewiesen hatten**, legte ich hier die Fundamente für eine Stadt.*

Redewendungen

imperatorem iubere aliquem *jdn. zum Befehlshaber ernennen*
legem iubere *ein Gesetz beschließen*
provinciam iubere alicui *jdm. eine Provinz zuerkennen*
salvum esse iubere aliquem *jdn. grüßen lassen, von jdm. Abschied nehmen*

Ähnliche Verben

adducere *dazu bringen, veranlassen*
imperare *befehlen*
instituere *anordnen, veranlassen*
praeesse mit Dativ *etw. befehligen, leiten*

Aufgepasst!

Iubere steht im Lateinischen mit Akkusativobjekt (transitiv) und kann daher auch ein persönliches Passiv bilden:
me iubet *er befiehlt **mir***, **iubeor** *ich werde beauftragt/**mir wird befohlen***
Das Passiv wird nach dem Modell von terreri gebildet.
Das -b- des Präsensstamms hat sich an das Perfekt-s angepasst (assimiliert), daher lautet im Perfektstamm die Form iuss- (statt *iubs-).

Tipps & Tricks

Befehlen, dass (etw. geschehen soll) kann im Lateinischen auf zwei verschiedene Arten konstruiert sein:
iubere mit AcI
imperare, ut mit Konjunktiv

Anmerkungen:

36 legere *lesen*

Dehnungsperfekt

Präsensstamm

Indikativ Präsens
lego
legis
legit
legimus
legitis
legunt

Indikativ Imperfekt
legebam
legebas
legebat
legebamus
legebatis
legebant

Futur I
legam
leges
leget
legemus
legetis
legent

Konjunktiv Präsens
legam
legas
legat
legamus
legatis
legant

Konjunktiv Imperfekt
legerem
legeres
legeret
legeremus
legeretis
legerent

Perfektstamm

Indikativ Perfekt
lēgi
lēgisti
lēgit
lēgimus
lēgistis
lēgerunt

Indikativ Plusquamperfekt
lēgeram
lēgeras
lēgerat
lēgeramus
lēgeratis
lēgerant

Futur II
lēgero
lēgeris
lēgerit
lēgerimus
lēgeritis
lēgerint

Konjunktiv Perfekt
lēgerim
lēgeris
lēgerit
lēgerimus
lēgeritis
lēgerint

Konjunktiv Plusquamperfekt
lēgissem
lēgisses
lēgisset
lēgissemus
lēgissetis
lēgissent

Nominalformen

Infinitiv Perfekt
lēgisse

Infinitiv Futur
lecturum, -am, -um esse

Partizip Präsens
legens
legentis

Partizip Futur
lecturus, -a, -um

Partizip Perfekt Passiv
lectus, -a, -um

Gerund
legendi
(ad) legendum
legendo

Gerundiv
legendus, -a, -um

Supin
lectum
lectu

Imperativ

Imperativ I
lege
legite

Imperativ II
legito
legito
legitote
legunto

Anwendungsbeispiele

Legere et non intellegere neglegere est. ***Lesen*** *und nicht verstehen ist so viel wie nicht beachten.*

Lege totum, si vis scire totum! ***Lies*** *es ganz, wenn du es ganz wissen willst!*

Quis **leget** haec? *Wer* ***wird*** *das* ***lesen****?*

Quidquid **legeris**, ad mores statim referas. *Alles, was* ***du liest****, mögest du sogleich auf deine Lebensführung ausrichten.*

Quae sit sapientia, disce **legendo**! *Was Weisheit ist, lerne* ***durch Lesen****!*

Cato dixit Graeca non **esse legenda**. *Cato sagte, Griechisches* ***dürfe man*** *nicht* ***lesen****.*

Sprichwörter

Semel scriptum, decies **lectum**. *Einmal geschrieben, zehnmal* ***gelesen****.*

Qui non vult intellegi, non debet **legi**. *Wer nicht verstanden werden will, der braucht auch nicht* ***gelesen zu werden****.*

Tolle, **lege**! *Nimm und* ***lies****!*

Ähnliche Verben

colligere *auflesen, sammeln*
deligere *(aus)wählen*
diligere *lieben, schätzen*
eligere *erwählen, auslesen*
intellegere *verstehen, erkennen*
neglegere *missachten, vernachlässigen*

Aufgepasst!

Das Passiv wird nach dem Muster des Verbs peti gebildet.
Achten Sie bitte bei den Formen legi, legit, legimus und legeris genau auf den Kontext, da diese Formen sowohl dem Präsens- wie dem Perfektstamm zugeordnet werden können. Vermeiden Sie auch eine Verwechslung mit dem Substantiv lex, legis *das Gesetz*!

Tipps & Tricks

Während die Verben colligere, deligere und eligere wie legere konjugiert werden, bilden die Verben diligere, intellegere und neglegere ein s-Perfekt: dil**exi**, intell**exi**, negl**exi**.

Anmerkungen:

37 malle *lieber wollen*

u-Perfekt

Präsensstamm

Indikativ Präsens
malo
mavis
mavult
mal**u**mus
mavultis
malunt

Indikativ Imperfekt
malebam
malebas
malebat
malebamus
malebatis
malebant

Futur I
malam
males
malet
malemus
maletis
malent

Konjunktiv Präsens
malim
malis
malit
malimus
malitis
malint

Konjunktiv Imperfekt
mallem
malles
mallet
mallemus
malletis
mallent

Perfektstamm

Indikativ Perfekt
mal**ui**
mal**u**isti
mal**u**it
mal**u**imus
mal**u**istis
mal**u**erunt

Indikativ Plusquamperfekt
mal**u**eram
mal**u**eras
mal**u**erat
mal**u**eramus
mal**u**eratis
mal**u**erant

Futur II
mal**u**ero
mal**u**eris
mal**u**erit
mal**u**erimus
mal**u**eritis
mal**u**erint

Konjunktiv Perfekt
mal**u**erim
mal**u**eris
mal**u**erit
mal**u**erimus
mal**u**eritis
mal**u**erint

Konjunktiv Plusquamperfekt
mal**u**issem
mal**u**isses
mal**u**isset
mal**u**issemus
mal**u**issetis
mal**u**issent

Nominalformen

Infinitiv Perfekt
mal**u**isse

Partizip Präsens
malens
malentis

Anwendungsbeispiele

Malo in vico princeps esse quam secundus in urbe. ***Ich will lieber*** *in einem Dorf der Erste sein als in der Stadt (Rom) der Zweite.*
Vitia nostra **malumus** excusare quam excutere. ***Wir wollen lieber*** *unsere Fehler entschuldigen als ausmerzen.*
Quis **malit** tecum contendere bello? *Wer* ***zöge es vor****, sich im Krieg mit dir zu messen?*
Cato bonus esse quam videri **malebat**. *Cato* ***wollte lieber*** *gut sein als scheinen.*
Socrates e carcere fugere noluit, sed legibus parēre **maluit**. *Sokrates* ***wollte*** *nicht aus dem Kerker fliehen, sondern sich* ***lieber*** *den Gesetzen fügen.*
Maluissem offere quam tradere. ***Lieber hätte ich*** *angeboten statt abgeliefert.*

Sprichwörter

Malo perire fame quam nomen perdere fame. ***Es ist mir lieber****, an Hunger zu sterben als durch Hunger meinen guten Ruf zu ruinieren.*
Asinus **mavult** stramina quam aurum. *Der Esel* ***will lieber*** *Stroh als Gold.*
Si quietem **mavis**, duc uxorem parem! *Wenn* ***du lieber*** *deine Ruhe haben* ***willst****, dann heirate eine Frau, die dir gleich ist.*

Ähnliche Verben

anteponere *höher schätzen*
praeferre *vorziehen*
praeponere *vorziehen*

Gebrauch

Oft erscheint bei malle der Infinitiv als Objekt bzw. der AcI.
Zum Ausdruck eines erfüllbaren Wunsches steht auch malim mit Konjunktiv ohne ut: malim venias *ich möchte lieber, dass du kommst.* Der unerfüllbare Wunsch wird mit mallem ausgedrückt: mallem tacuisses *es wäre mir lieber, du hättest geschwiegen.*

Anmerkungen:

38 manere *bleiben, erwarten*

s-Perfekt

Präsensstamm

Indikativ Präsens
maneo
manes
manet
manemus
manetis
manent

Indikativ Imperfekt
manebam
manebas
manebat
manebamus
manebatis
manebant

Futur I
manebo
manebis
manebit
manebimus
manebitis
manebunt

Konjunktiv Präsens
maneam
maneas
maneat
maneamus
maneatis
maneant

Konjunktiv Imperfekt
manerem
maneres
maneret
maneremus
maneretis
manerent

Perfektstamm

Indikativ Perfekt
mansi
mansisti
mansit
mansimus
mansistis
manserunt

Indikativ Plusquamperfekt
manseram
manseras
manserat
manseramus
manseratis
manserant

Futur II
mansero
manseris
manserit
manserimus
manseritis
manserint

Konjunktiv Perfekt
manserim
manseris
manserit
manserimus
manseritis
manserint

Konjunktiv Plusquamperfekt
mansissem
mansisses
mansisset
mansissemus
mansissetis
mansissent

Nominalformen

Infinitiv Perfekt
mansisse

Infinitiv Futur
mansurum, -am, -um esse

Partizip Präsens
manens
manentis

Partizip Futur
mansurus, -a, -um

Partizip Perfekt Passiv
mansum

Gerund
manendi
(ad) manendum
manendo

Gerundiv
manendum

Imperativ

Imperativ I
mane
manete

Imperativ II
maneto
maneto
manetote
manento

Anwendungsbeispiele

Itaque in urbe **maneo**, si licebit, **manebo**. *Deshalb **bleibe ich** in der Stadt, und wenn es erlaubt ist, **werde ich** noch länger **bleiben**!*

Si tacuisses, philosophus **mansisses**. *Wenn du geschwiegen hättest, **wärest du** ein Philosoph **geblieben** (d. h. hätte niemand deine Dummheit bemerkt).*

Propius aut longius mors sua quemque **manet**. *Früher oder später **steht** jedem sein Tod **bevor**.*

Cur tam diu adventum Crassi **manserunt**? *Warum **warteten sie** so lange **auf** die Ankunft des Crassus?*

Huius ad nostram memoriam monumenta **manserunt** duo. *Von ihm **blieben** zwei Denkmäler bis in unsere Zeit **erhalten**.*

Habeo fiduciam te in proposito **mansurum esse**. *Ich bin zuversichtlich, dass du an deinem Ziel **festhalten wirst**.*

Redewendungen

manere alicui *jdm. verbleiben*

apud aliquem manere *bei jdm. übernachten*

in fide manere *treu bleiben*

in loco manere *die Stellung behaupten*

in sententia sua manere *bei seiner Meinung bleiben*

in vita manere *am Leben bleiben*

Ähnliche Verben

exspectare *erwarten*

morari *verweilen*

restare *zurückbleiben, übrig bleiben*

permanere *verharren, fortdauern*

remanere *zurückbleiben*

Gebrauch

Obwohl das Verb manere im Lateinischen auch ein Akkusativobjekt bei sich haben kann (*etw. erwarten, jdm. bevorstehen*), ist die Passivkonstruktion ungebräuchlich.

Anmerkungen:

39 mittere *schicken*

s-Perfekt, -ts- → -s-

Präsensstamm

Indikativ Präsens
mitto
mittis
mittit
mittimus
mittitis
mittunt

Indikativ Imperfekt
mittebam
mittebas
mittebat
mittebamus
mittebatis
mittebant

Futur I
mittam
mittes
mittet
mittemus
mittetis
mittent

Konjunktiv Präsens
mittam
mittas
mittat
mittamus
mittatis
mittant

Konjunktiv Imperfekt
mitterem
mitteres
mitteret
mitteremus
mitteretis
mitterent

Perfektstamm

Indikativ Perfekt
misi
misisti
misit
misimus
misistis
miserunt

Indikativ Plusquamperfekt
miseram
miseras
miserat
miseramus
miseratis
miserant

Futur II
misero
miseris
miserit
miserimus
miseritis
miserint

Konjunktiv Perfekt
miserim
miseris
miserit
miserimus
miseritis
miserint

Konjunktiv Plusquamperfekt
misissem
misisses
misisset
misissemus
misissetis
misissent

Nominalformen

Infinitiv Perfekt
misisse

Infinitiv Futur
missurum, -am, -um esse

Partizip Präsens
mittens
mittentis

Partizip Futur
missurus, -a, -um

Partizip Perfekt Passiv
missus, -a, -um

Gerund
mittendi
(ad) mittendum
mittendo

Gerundiv
mittendus, -a, -um

Supin
missum
missu

Imperativ

Imperativ I
mitte
mittite

Imperativ II
mittito
mittito
mittitote
mittunto

Anwendungsbeispiele

Certa **mittimus**, dum incerta petimus. *Sicheres* ***geben wir auf****, während wir Unsicheres anstreben.*

Memento, cur huc **missus sis**! *Bedenke, weshalb* ***du*** *hierher* ***geschickt wurdest****!*

Candelabrum, quod rex in Capitolium **missurus erat**, ablatum est. *Der Leuchter, den der König aufs Capitol* ***schicken wollte****, wurde entwendet.*

Calamitates **sub iugum mittere** proprium magni viri est. *Unglück* ***zu bewältigen*** *ist Eigenart eines großen Mannes.*

Mitte hanc de pectore curam! ***Nimm*** *deinem Herzen diese Sorge!*

Cetera **mittite** loqui! ***Unterlasst es****, das Weitere zu sagen!*

Redewendungen

auxilio mittere *zu Hilfe schicken*
senatum mittere *die Senatssitzung beenden*
tela mittere *Pfeile abschießen*

Ähnliche Verben

admittere *zulassen*
amittere *verlieren*
committere *zustande bringen, begehen*
intermittere *unterbrechen*
omittere *aufgeben, auslassen*
permittere *überlassen, erlauben*
praetermittere *übergehen, verstreichen lassen*
promittere *versprechen*

Aufgepasst!

Das Passiv wird nach dem Muster des Verbs peti gebildet.
Sie finden die angemessene Übersetzung, wenn Sie davon ausgehen, dass mittere jede Art des Loslassens bezeichnet.

Anmerkungen:

40 movere *bewegen*

Dehnungsperfekt

Präsensstamm

Indikativ Präsens
moveo
moves
movet
movemus
movetis
movent

Indikativ Imperfekt
movebam
movebas
movebat
movebamus
movebatis
movebant

Futur I
movebo
movebis
movebit
movebimus
movebitis
movebunt

Konjunktiv Präsens
moveam
moveas
moveat
moveamus
moveatis
moveant

Konjunktiv Imperfekt
moverem
moveres
moveret
moveremus
moveretis
moverent

Perfektstamm

Indikativ Perfekt
mōvi
mōvisti
mōvit
mōvimus
mōvistis
mōverunt

Indikativ Plusquamperfekt
mōveram
mōveras
mōverat
mōveramus
mōveratis
mōverant

Futur II
mōvero
mōveris
mōverit
mōverimus
mōveritis
mōverint

Konjunktiv Perfekt
mōverim
mōveris
mōverit
mōverimus
mōveritis
mōverint

Konjunktiv Plusquamperfekt
mōvissem
mōvisses
mōvisset
mōvissemus
mōvissetis
mōvissent

Nominalformen

Infinitiv Perfekt
mōvisse

Infinitiv Futur
mōturum, -am, -um esse

Partizip Präsens
movens
moventis

Partizip Futur
mōturus, -a, -um

Partizip Perfekt Passiv
mōtus, -a, -um

Gerund
movendi
(ad) movendum
movendo

Gerundiv
movendus, -a, -um

Supin
mōtum
mōtu

Imperativ

Imperativ I
move
movete

Imperativ II
moveto
moveto
movetote
movento

Anwendungsbeispiele

Maxillas crocodilus tantum superiores **movet**. *Das Krokodil **bewegt** nur seinen Oberkiefer.*

Hoc mihi maximam admirationem **movet**. *Dies **ruft** bei mir größte Bewunderung **hervor**.*

Verrem patris lacrimae de filī periculo non **movebant**. *Die Tränen eines Vaters über die gefährliche Lage seines Sohnes **rührten** Verres nicht.*

Moverat plebem oratio consulis. *Die Rede des Konsuls **hatte** das Volk **aufgerüttelt**.*

Patres precibus Alexandrinorum **moti sunt**. *Die Senatoren **ließen sich** von den Bitten der Alexandriner **umstimmen**.*

Redewendungen

cantūs movere *Gesänge anstimmen*
castra movere *das Lager abbrechen, weiterziehen*
iocum movere *einen Scherz machen*
risum movere *zum Lachen bringen, sich lächerlich machen*
seditionem movere *einen Aufstand anzetteln*

Ähnliche Verben

admovere *heranbringen, anwenden*
commovere *bewegen, erregen, veranlassen*
permovere *bewegen, aufregen*

Gebrauch

Das Passiv von movere ist häufig medial verwendet. Zur Übersetzung wählen Sie die reflexive Form: moveri *(bewegt werden)/sich bewegen.*

Videsne navem illam: stare nobis videtur; at iis, qui in nave sunt, **moveri** haec villa. *Siehst du jenes Schiff? Für uns scheint es still zu stehen; doch für die Leute auf dem Schiff scheint **sich** unsere Villa **zu bewegen**.*

Das Passiv wird nach dem Modell von terreri gebildet.

Tipps & Tricks

Movere wird für den physischen und (häufiger) geistig-seelischen Bereich verwendet. Ausgehend von der Grundbedeutung *bewegen* müssen Sie die jeweils passende Übersetzung aus dem Kontext erschließen.

Anmerkungen:

41 nolle *nicht wollen*

u-Perfekt

Präsensstamm

Indikativ Präsens
nolo
non vis
non vult
nolumus
non vultis
nolunt

Indikativ Imperfekt
nolebam
nolebas
nolebat
nolebamus
nolebatis
nolebant

Futur I
nolam
noles
nolet
nolemus
noletis
nolent

Konjunktiv Präsens
nolim
nolis
nolit
nolimus
nolitis
nolint

Konjunktiv Imperfekt
nollem
nolles
nollet
nollemus
nolletis
nollent

Perfektstamm

Indikativ Perfekt
nolui
noluisti
noluit
noluimus
noluistis
noluerunt

Indikativ Plusquamperfekt
nolueram
nolueras
noluerat
nolueramus
nolueratis
noluerant

Futur II
noluero
nolueris
noluerit
noluerimus
nolueritis
noluerint

Konjunktiv Perfekt
noluerim
nolueris
noluerit
noluerimus
nolueritis
noluerint

Konjunktiv Plusquamperfekt
noluissem
noluisses
noluisset
noluissemus
noluissetis
noluissent

Nominalformen

Infinitiv Perfekt
noluisse

Partizip Präsens
nolens
nolentis

Imperativ

Imperativ I	Imperativ II
nolī	nolīto
nolīte	nolītote

Anwendungsbeispiele

Nolumus assiduis curis animum tabescere. ***Wir wollen*** *uns* ***nicht*** *in ständigen Sorgen verzehren.*

Sunt quidam, qui **nolint nisi** secreto accipere beneficium. *Manche Leute* ***wollen nur*** *im Geheimen eine Wohltat annehmen.*

Si me **nolueris** per devia ducere, facilius ad id, quo tendo, perveniam. *Wenn* ***du*** *mich* ***nicht*** *auf Abwege führen* ***willst****, werde ich leichter an mein Ziel kommen.*

Tarde benefacere **nolle** est. *Zögernd Gutes zu tun, bedeutet* ***nicht wollen****.*

Nolite velle, quae effici non possint! ***Wünscht nicht****, was nicht erreicht werden kann!*

Nolo mihi irascaris. ***Bitte*** *zürne mir nicht!* – **Noli** mihi **irasci**! ***Zürne*** *mir* ***nicht****!*

Gubernatorem coegi, vellet, **nollet**, ut litus peteret. *Ich zwang den Steuermann, ob* ***er wollte*** *oder* ***nicht****, die Küste anzusteuern.*

Sprichwörter

Qui **nolet** fieri desidiosus, amet. *Wer* ***nicht*** *träge werden* ***will****, der liebe!*

Noli turbare circulos meos! ***Störe*** *meine Kreise* ***nicht****!*

Ducunt volentem fata, **nolentem** trahunt. *Den Willigen leitet das Schicksal,* ***den, der sich widersetzt****, zerrt es mit.*

Ähnliche Verben

abnuere *ablehnen*
arcēre *abhalten*
negare *verneinen*
recusare *verweigern*
repudiare *zurückweisen*

Aufgepasst!

Nolle wird wie velle und malle als Hilfsverb und als Vollverb verwendet und kann mit Infinitiv, AcI oder einem Akkusativobjekt verbunden sein.

Tipps & Tricks

Die Imperative noli und nolite dienen zum Ausdruck eines verneinten Befehls:
Noli me tangere! *Rühr mich nicht an!*

Anmerkungen:

42 parere *hervorbringen*

Reduplikationsperfekt

Präsensstamm

Indikativ Präsens
pario
paris
parit
parimus
paritis
pariunt

Indikativ Imperfekt
pariebam
pariebas
pariebat
pariebamus
pariebatis
pariebant

Futur I
pariam
paries
pariet
pariemus
parietis
parient

Konjunktiv Präsens
pariam
parias
pariat
pariamus
pariatis
pariant

Konjunktiv Imperfekt
parerem
pareres
pareret
pareremus
pareretis
parerent

Perfektstamm

Indikativ Perfekt
peperi
peperisti
peperit
peperimus
peperistis
pepererunt

Indikativ Plusquamperfekt
pepereram
pepereras
pepererat
pepereramus
pepereratis
pepererant

Futur II
peperero
pepereris
pepererit
pepererimus
pepereritis
pepererint

Konjunktiv Perfekt
pepererim
pepereris
pepererit
pepererimus
pepereritis
pepererint

Konjunktiv Plusquamperfekt
peperissem
peperisses
peperisset
peperissemus
peperissetis
peperissent

Nominalformen

Infinitiv Perfekt
peperisse

Infinitiv Futur
pariturum, -am, -um esse

Partizip Präsens
pariens
parientis

Partizip Futur
pariturus, -a, -um

Partizip Perfekt Passiv
partus, -a, -um

Gerund
pariendi
(ad) pariendum
pariendo

Gerundiv
pariendus, -a, -um

Supin
partum
partu

Imperativ

Imperativ I
pare
parite

Imperativ II
parito
parito
paritote
pariunto

Anwendungsbeispiele

Divitiae inflant animos, superbiam **pariunt**, invidiam contrahunt. *Reichtum macht aufgeblasen, **erzeugt** Hochmut und führt zu Neid.*

Omnes homines natura **peperit** liberos. *Die Natur **hat** alle Menschen als Freie **geschaffen**.*

Quidquid virtute **partum erat**, intemperantiā corruit. *Was durch Tüchtigkeit **erworben war**, stürzte durch Maßlosigkeit in sich zusammen.*

Hoc animo fui semper, ut invidiam virtute **partam** gloriam, non invidiam putarem. *Es war immer meine Einstellung, Missgunst, **die** mir meine Tüchtigkeit **einbrachte**, für Ruhm, nicht aber für Missgunst zu halten.*

Sprichwörter

Mortalis nata es, mortales **peperisti**. *Als Sterbliche bist du geboren und Sterbliche **hast du geboren**.*

Obsequium amicos, veritas odium **parit**. *Kriecherei **schafft** Freunde, die Wahrheit Hass.*

Male **parta** male dilabuntur. ***Was** in übler Weise **gewonnen wurde**, geht übel dahin.*

Parit patientia palmam. *Geduld **gewinnt** die Siegespalme.*

Ähnliche Verben

creare *erschaffen*
ēdere *gebären, veröffentlichen*
generare *zeugen, erschaffen*
gignere *erzeugen, hervorbringen*
parare *bereiten, erwerben*

Aufgepasst!

Das Passiv wird nach dem Muster von affici gebildet.
Bitte unterscheiden Sie zwischen den Verben parere *hervorbringen* und parēre *gehorchen*: Im Schriftbild ist der Konjunktiv Imperfekt gleich.

Anmerkungen:

43 pati *(er)leiden, dulden*

Deponens

Präsensstamm

Indikativ Präsens
patior
pateris
patitur
patimur
patimini
patiuntur

Indikativ Imperfekt
patiebar
patiebaris
patiebatur
patiebamur
patiebamini
patiebantur

Futur I
patiar
patiēris
patietur
patiemur
patiemini
patientur

Konjunktiv Präsens
patiar
patiāris
patiatur
patiamur
patiamini
patiantur

Konjunktiv Imperfekt
paterer
paterēris
pateretur
pateremur
pateremini
paterentur

Perfektstamm

Indikativ Perfekt
passus, -a, -um sum
passus, -a, -um es
passus, -a, -um est
passi, -ae, -a sumus
passi, -ae, -a estis
passi, -ae, -a sunt

Indikativ Plusquamperfekt
passus, -a, -um eram
passus, -a, -um eras
passus, -a, -um erat
passi, -ae, -a eramus
passi, -ae, -a eratis
passi, -ae, -a erant

Futur II
passus, -a, -um ero
passus, -a, -um eris
passus, -a, -um erit
passi, -ae, -a erimus
passi, -ae, -a eritis
passi, -ae, -a erunt

Konjunktiv Perfekt
passus, -a, -um sim
passus, -a, -um sis
passus, -a, -um sit
passi, -ae, -a simus
passi, -ae, -a sitis
passi, -ae, -a sint

Konjunktiv Plusquamperfekt
passus, -a, -um essem
passus, -a, -um esses
passus, -a, -um esset
passi, -ae, -a essemus
passi, -ae, -a essetis
passi, -ae, -a essent

Nominalformen

Infinitiv Perfekt
passum, -am, -um esse

Infinitiv Futur
passurum, -am, -um esse

Partizip Präsens
patiens
patientis

Partizip Futur
passurus, -a, -um

Partizip Perfekt
passus, -a, -um

Gerund
patiendi
(ad) patiendum
patiendo

Gerundiv
patiendus, -a, -um

Imperativ

Imperativ I
pat**ere**
pat**imini**

Anwendungsbeispiele

Cum **patiuntur** decernunt. *Indem* ***sie*** *es* ***dulden****, beschließen sie es.*

Cogitationis poenam numquam **patiemur**. *Eine Bestrafung für das Denken* ***werden wir*** *niemals* ***zulassen****.*

Et facere et **pati** fortia Romanum est. *Tapfer zu handeln und tapfer* ***zu leiden****, das ist Römerart.*

Plinium negotia amicorum nec secedere nec studere **patiebantur**. *Die Geschäfte der Freunde* ***erlaubten*** *es Plinius nicht sich zurückzuziehen und sich seinen Studien zu widmen.*

O **passi** graviora, dabit deus his quoque finem. *Oh ihr,* ***die ihr*** *schon Schwereres* ***erlitten habt****, Gott wird auch diesem ein Ende setzen!*

Witz

Pater filio: „Nequaquam tibi tibiam emam, nam si emero, me conquiescere non iam **patieris**." Tum filius: „Certo te quietem capere **patiar**, nam tibiā non canam nisi tum, cum dormies."

Der Vater zum Sohn: „Keinesfalls werde ich dir eine Flöte kaufen; denn wenn ich dir eine kaufe, ***wirst du*** *mich nicht mehr zur Ruhe kommen* ***lassen****."*
Darauf der Sohn: „Ganz bestimmt ***werde ich*** *dich ruhen* ***lassen****; denn ich werde nur dann auf der Flöte blasen, wenn du schläfst."*

Ähnliche Verben

concedere *gestatten*
ferre *hinnehmen, ertragen*
permittere *erlauben*
sinere *zulassen*
tolerare *ertragen*

Aufgepasst!

Verwechseln Sie nicht die Formen von pati *erdulden* mit denen von potiri *sich bemächtigen* und patēre *offen stehen*!

Anmerkungen:

44 pellere *schlagen, stoßen, vertreiben*

Reduplikationsperfekt; -el- → -ul-

Präsensstamm

Indikativ Präsens
pello
pellis
pellit
pellimus
pellitis
pellunt

Indikativ Imperfekt
pellebam
pellebas
pellebat
pellebamus
pellebatis
pellebant

Futur I
pellam
pelles
pellet
pellemus
pelletis
pellent

Konjunktiv Präsens
pellam
pellas
pellat
pellamus
pellatis
pellant

Konjunktiv Imperfekt
pellerem
pelleres
pelleret
pelleremus
pelleretis
pellerent

Perfektstamm

Indikativ Perfekt
pepuli
pepulisti
pepulit
pepulimus
pepulistis
pepulerunt

Indikativ Plusquamperfekt
pepuleram
pepuleras
pepulerat
pepuleramus
pepuleratis
pepulerant

Futur II
pepulero
pepuleris
pepulerit
pepulerimus
pepuleritis
pepulerint

Konjunktiv Perfekt
pepulerim
pepuleris
pepulerit
pepulerimus
pepuleritis
pepulerint

Konjunktiv Plusquamperfekt
pepulissem
pepulisses
pepulisset
pepulissemus
pepulissetis
pepulissent

Nominalformen

Infinitiv Perfekt
pepulisse

Infinitiv Futur
pulsurum, -am, -um esse

Partizip Präsens
pellens
pellentis

Partizip Futur
pulsurus, -a, -um

Partizip Perfekt Passiv
pulsus, -a, -um

Gerund
pellendi
(ad) pellendum
pellendo

Gerundiv
pellendus, -a, -um

Supin
pulsum
pulsu

Imperativ

Imperativ I
pelle
pellite

Imperativ II
pellito
pellito
pellitote
pellunto

Anwendungsbeispiele

Pelle timores! *Lege deine Ängste **ab**!*

Dii patrii, mala de nostris **pellite** limitibus! *Ihr Götter unserer Väter, **vertreibt** das Unheil aus unserem Haus!*

Iuppiter a vobis turpia crimina **pellat**! *Jupiter **möge** euch vor schändlichen Vorwürfen **bewahren**!*

Cor **pepulit** horror. *Entsetzen **erschütterte** das Herz.*

Adulescentuli proceritas oculique te **pepulerunt**. *Der schlanke Wuchs und die Augen des Jungen **haben** dich **beeindruckt**.*

Cessēre magis quam **pulsi** hostes **sunt**. *Die Feinde wichen mehr zurück, als dass **sie getrieben wurden**.*

Redewendungen

classicum pellere *das Signal ertönen lassen*

patriā pellere *verbannen*

sagittam pellere *einen Pfeil abschießen*

initium sermonis pellere *den Anstoß zu einem Gespräch geben*

sitim pellere *den Durst stillen*

Ähnliche Verben

appellere *heranbringen*

compellere *zusammentreiben, antreiben*

expellere *vertreiben*

impellere *antreiben, veranlassen*

repellere *zurücktreiben, vertreiben*

Aufgepasst!

Die Reduplikation des Perfektstamms entfällt bei den Komposita: compellere → compuli, expellere → expuli, impellere → impuli. Nur bei repellere → reppuli ist die Reduplikation noch sichtbar.

Das Passiv zu pellere wird nach dem Modell von peti gebildet.

Anmerkungen:

45 pendere *(herab)hängen*

Reduplikationsperfekt

Präsensstamm

Indikativ Präsens
pendeo
pendes
pendet
pendemus
pendetis
pendent

Indikativ Imperfekt
pendebam
pendebas
pendebat
pendebamus
pendebatis
pendebant

Futur I
pendebo
pendebis
pendebit
pendebimus
pendebitis
pendebunt

Konjunktiv Präsens
pendeam
pendeas
pendeat
pendeamus
pendeatis
pendeant

Konjunktiv Imperfekt
penderem
penderes
penderet
penderemus
penderetis
penderent

Perfektstamm

Indikativ Perfekt
pependi
pependisti
pependit
pependimus
pependistis
pependerunt

Indikativ Plusquamperfekt
pependeram
pependeras
pependerat
pependeramus
pependeratis
pependerant

Futur II
pependero
pependeris
pependerit
pependerimus
pependeritis
pependerint

Konjunktiv Perfekt
pependerim
pependeris
pependerit
pependerimus
pependeritis
pependerint

Konjunktiv Plusquamperfekt
pependissem
pependisses
pependisset
pependissemus
pependissetis
pependissent

Nominalformen

Infinitiv Perfekt
pependisse

Partizip Präsens
pendens
pendentis

Gerund
pendendi
(ad) pendendum
pendendo

Imperativ

Imperativ I
pende
pendete

Imperativ II
pendeto
pendeto
pendetote
pendento

Anwendungsbeispiele

Sagittae **pendebant** ab umero, sinistra manu retinebat arcum. *Die Pfeile **hingen** an seiner Schulter, mit der linken Hand hielt er den Bogen.*

Pendeo ergo et exerceor spe, afficior metu. ***Ich hänge** also **in der Luft** und werde von Hoffnung geplagt und von Furcht erfüllt.*

Pendent opera interrupta. *Die unterbrochenen Arbeiten **bleiben unvollendet liegen**.*

Bona et vera idem **pendent**. *Gutes und Wahres **sind** gleich viel **wert**.*

Ante amicae fores laqueo **pependit**. ***Er hat sich** vor der Tür seiner Freundin mit einem Strick **erhängt**.*

Eo minus omitti convenit ab animo hominis **pendentes** medicinas. *Umso weniger sollte man die Heilmittel übergehen, **die** von der Einstellung des Menschen **abhängen**.*

Redewendungen

animi/animo pendere *im Herzen unentschlossen sein*
ab ore alicuius pendere *jdm. mit gespannter Aufmerksamkeit zuhören*
ex una origine pendere *von einer Familie abstammen*
ex patre pendere *vom Vater abhängig sein*

Ähnliche Verben

haerere *hängen bleiben*

dependĕre *abhängen von*
impendĕre *bevorstehen, drohen*
pendĕre *aufhängen*
suspendĕre *aufhängen, hochheben*

Aufgepasst!

Verwechseln Sie nicht das intransitive pendēre *(selbst) hängen* mit dem transitiven pendĕre *(etw. anderes) aufhängen*. Da die Formen dieser beiden Verben vielfach identisch sind, sollten Sie besonders genau auf den Kontext achten.

Tipps & Tricks

Bei pendere *hängen* fragt das Deutsche: „Wo hängt etwas?“, das Lateinische sieht den Ausgangspunkt: „Von wo hängt etwas herunter?“ und schließt Ortsangaben mit den Präpositionen ex oder ab mit Ablativ an.

Anmerkungen:

46 persuadere *überreden, überzeugen*

s-Perfekt, -ds- → -s-

Präsensstamm

Indikativ Präsens
persuadeo
persuades
persuadet
persuademus
persuadetis
persuadent

Indikativ Imperfekt
persuadebam
persuadebas
persuadebat
persuadebamus
persuadebatis
persuadebant

Futur I
persuadebo
persuadebis
persuadebit
persuadebimus
persuadebitis
persuadebunt

Konjunktiv Präsens
persuadeam
persuadeas
persuadeat
persuadeamus
persuadeatis
persuadeant

Konjunktiv Imperfekt
persuaderem
persuaderes
persuaderet
persuaderemus
persuaderetis
persuaderent

Perfektstamm

Indikativ Perfekt
persuasi
persuasisti
persuasit
persuasimus
persuasistis
persuaserunt

Indikativ Plusquamperfekt
persuaseram
persuaseras
persuaserat
persuaseramus
persuaseratis
persuaserant

Futur II
persuasero
persuaseris
persuaserit
persuaserimus
persuaseritis
persuaserint

Konjunktiv Perfekt
persuaserim
persuaseris
persuaserit
persuaserimus
persuaseritis
persuaserint

Konjunktiv Plusquamperfekt
persuasissem
persuasisses
persuasisset
persuasissemus
persuasissetis
persuasissent

Nominalformen

Infinitiv Perfekt
persuasisse

Infinitiv Futur
persuasurum, -am, -um esse

Partizip Präsens
persuadens
persuadentis

Partizip Futur
persuasurus, -a, -um

Partizip Perfekt Passiv
persuasum

Gerund
persuadendi
(ad) persuadendum
persuadendo

Gerundiv
persuadendum

Supin
persuasum
persuasu

Imperativ

Imperativ I
persuade
persuadete

Imperativ II
persuadeto
persuadeto
persuadetote
persuadento

Anwendungsbeispiele

Verticus servo **persuadet**, ut litteras ad Caesarem deferat. *Verticus **überredet** einen Sklaven, Caesar einen Brief zu überbringen.*

Absolutus est reus, sed innocentem se esse accusatori nondum **persuasit**. *Der Angeklagte wurde freigesprochen, aber **er hat** den Ankläger noch nicht davon **überzeugt**, dass er unschuldig ist.*

Illi adrogantes sunt, qui **sibi persuaserunt** scire se solos omnia. *Jene sind anmaßend, die **überzeugt sind**, dass sie alleine alles wissen.*

Si **tibi persuasum est**, cur a me velis discere? *Wenn **du** davon schon **überzeugt bist**, warum solltest du dann von mir noch belehrt werden wollen?*

Sprichwörter

Artificis est **persuadere**, vis autem **persuadendi** artis.

*Es ist das Anliegen eines Künstlers **zu überzeugen**, die **Überzeugungs**kraft aber liegt in der Kunst.*

Ähnliche Verben

adducere *dazu bringen*
demonstrare *(genau) zeigen*
docere *zeigen, darlegen*
probare *beweisen, glaubhaft machen*
suadere *raten, zureden*

Gebrauch

Persuadere hat im Lateinischen ein Dativobjekt bei sich.
Steht persuadere in Verbindung mit einem ut-Satz, hat es die Bedeutung *überreden*, steht es dagegen in Verbindung mit einem AcI, heißt es *überzeugen*.
Von persuadere kann nur ein unpersönliches Passiv gebildet werden:
His persuaderi, ut diutius morarentur, non **poterat**. ***Sie konnten** nicht dazu **überredet werden**, länger zu bleiben.* Die entsprechenden Formen werden nach dem Modell von terreri gebildet.

Tipps & Tricks

Wenn Sie persuadere zunächst mit *(jdm. etw.) einreden* übersetzen, erklären sich Dativ und unpersönliches Passiv von selbst. Sie vermeiden so Fehler durch eine zu frühe Festlegung auf *überreden* oder *überzeugen*.

Anmerkungen:

47 ponere *stellen, setzen, legen*

u-Perfekt, -n- → -s-

Präsensstamm

Indikativ Präsens
pono
ponis
ponit
ponimus
ponitis
ponunt

Indikativ Imperfekt
ponebam
ponebas
ponebat
ponebamus
ponebatis
ponebant

Futur I
ponam
pones
ponet
ponemus
ponetis
ponent

Konjunktiv Präsens
ponam
ponas
ponat
ponamus
ponatis
ponant

Konjunktiv Imperfekt
ponerem
poneres
poneret
poneremus
poneretis
ponerent

Perfektstamm

Indikativ Perfekt
posui
posuisti
posuit
posuimus
posuistis
posuerunt

Indikativ Plusquamperfekt
posueram
posueras
posuerat
posueramus
posueratis
posuerant

Futur II
posuero
posueris
posuerit
posuerimus
posueritis
posuerint

Konjunktiv Perfekt
posuerim
posueris
posuerit
posuerimus
posueritis
posuerint

Konjunktiv Plusquamperfekt
posuissem
posuisses
posuisset
posuissemus
posuissetis
posuissent

Nominalformen

Infinitiv Perfekt
posuisse

Infinitiv Futur
positurum, -am, -um esse

Partizip Präsens
ponens
ponentis

Partizip Futur
positurus, -a, -um

Partizip Perfekt Passiv
positus, -a, -um

Gerund
ponendi
(ad) ponendum
ponendo

Gerundiv
ponendus, -a, -um

Supin
positum
positu

Imperativ

Imperativ I	Imperativ II
pone	ponito
ponite	ponito
	ponitote
	ponunto

Anwendungsbeispiele

Nescio, ubi pedem **ponam**. *Ich weiß nicht, wohin **ich** meinen Fuß **setzen** soll.*

Quintus Maximus rumores non **ponebat** ante salutem rei publicae. *Quintus Maximus **stellte** Gerede nicht vor das Wohl des Staates.*

Rex Syriae candelabrum Romam misit, ut in Capitolio **poneretur**. *Der König von Syrien schickte einen Leuchter nach Rom, damit **er** auf dem Kapitol **aufgestellt werde**.*

Felix est, qui felicitatem suam in aliena potestate non **posuit**. *Glücklich ist, wer sein Glück nicht unter fremde Gewalt **gestellt hat**.*

Honestum in factis **positum est**, non in gloria. *Die Würde **beruht** auf Taten, nicht auf rühmenden Worten.*

Redewendungen

arma ponere *die Waffen strecken*
castra ponere *ein Lager aufschlagen*
exemplum ponere *ein Beispiel geben*
spem ponere in fuga *seine Hoffnung auf die Flucht setzen*
in dubio ponere *in Zweifel ziehen*

Ähnliche Verben

componere *zusammenstellen, verfassen*
deponere *niederlegen*
disponere *verteilen, ordnen*
praeponere *voranstellen, vorziehen*
proponere *in Aussicht stellen*

Aufgepasst!

Beachten Sie bitte, dass das Lateinische im Gegensatz zum Deutschen nicht fragt, wohin man etwas legt, sondern wo (Ablativ!) man etwas ablegt.
Das Passiv wird nach dem Muster von peti gebildet.

Anmerkungen:

48 posse *können*

u-Perfekt

Präsensstamm

Indikativ Präsens
possum
potes
potest
possumus
potestis
possunt

Indikativ Imperfekt
poteram
poteras
poterat
poteramus
poteratis
poterant

Futur I
potero
poteris
poterit
poterimus
poteritis
poterunt

Konjunktiv Präsens
possim
possis
possit
possimus
possitis
possint

Konjunktiv Imperfekt
possem
posses
posset
possemus
possetis
possent

Perfektstamm

Indikativ Perfekt
potui
potuisti
potuit
potuimus
potuistis
potuerunt

Indikativ Plusquamperfekt
potueram
potueras
potuerat
potueramus
potueratis
potuerant

Futur II
potuero
potueris
potuerit
potuerimus
potueritis
potuerint

Konjunktiv Perfekt
potuerim
potueris
potuerit
potuerimus
potueritis
potuerint

Konjunktiv Plusquamperfekt
potuissem
potuisses
potuisset
potuissemus
potuissetis
potuissent

Nominalformen

Infinitiv Perfekt
potuisse

Anwendungsbeispiele

Nec tecum **possum** vivere nec sine te. ***Ich kann** nicht mit dir leben, aber auch nicht ohne dich.*

Aliae nationes servitutem pati **possunt**, populi Romani propria est libertas. *Andere Völker **sind imstande**, Knechtschaft zu ertragen, dem römischen Volke ist die Freiheit eigen.*

Nullum malum est maius quam non **posse** ferre malum. *Kein Übel ist größer als nicht **fähig zu sein**, ein Übel zu ertragen.*

Ne quid exspectes amicos, quod tu agere **possis**! *Erwarte nichts von den Freunden, was **du** selbst erledigen **kannst**!*

Nihil tam munitum est, quod non pecuniā expugnari **possit**. *Nichts ist so gefestigt, dass **es** nicht mit Geld erobert werden **könnte**.*

Sprichwörter

Non omnia **possumus** omnes. ***Wir können** nicht alle alles.*

Nihil prodest, quod non laedere **possit** idem. *Nichts ist nützlich, was nicht auch schaden **könnte**.*

Felix, qui **potuit** rerum cognoscere causas. *Glücklich, wer die Hintergründe der Natur erkennen **konnte**!*

Ähnliche Verben

intellegere *sich verstehen auf*

licet *es ist erlaubt, man kann/darf*

nequire *nicht können*

pollēre *(viel) vermögen, Einfluss haben*

scire *wissen, verstehen*

Gebrauch

Das Verb posse ist meist mit einem Infinitiv verbunden. Die Intensität des Könnens drücken Adverbien aus: multum/satis/parum posse *viel/genug/zu wenig vermögen.*

Anmerkungen:

49 potiri *sich bemächtigen*

Deponens

Präsensstamm

Indikativ Präsens
potior
potiris
potitur
potimur
potimini
potiuntur

Indikativ Imperfekt
potiebar
potiebaris
potiebatur
potiebamur
potiebamini
potiebantur

Futur I
potiar
potieris
potietur
potiemur
potiemini
potientur

Konjunktiv Präsens
potiar
potiaris
potiatur
potiamur
potiamini
potiantur

Konjunktiv Imperfekt
potirer
potireris
potiretur
potiremur
potiremini
potirentur

Perfektstamm

Indikativ Perfekt
potitus, -a, -um sum
potitus, -a, -um es
potitus, -a, -um est
potiti, -ae, -a sumus
potiti, -ae, -a estis
potiti, -ae, -a sunt

Indikativ Plusquamperfekt
potitus, -a, -um eram
potitus, -a, -um eras
potitus, -a, -um erat
potiti, -ae, -a eramus
potiti, -ae, -a eratis
potiti, -ae, -a erant

Futur II
potitus, -a, -um ero
potitus, -a, -um eris
potitus, -a, -um erit
potiti, -ae, -a erimus
potiti, -ae, -a eritis
potiti, -ae, -a erunt

Konjunktiv Perfekt
potitus, -a, -um sim
potitus, -a, -um sis
potitus, -a, -um sit
potiti, -ae, -a simus
potiti, -ae, -a sitis
potiti, -ae, -a sint

Konjunktiv Plusquamperfekt
potitus, -a, -um essem
potitus, -a, -um esses
potitus, -a, -um esset
potiti, -ae, -a essemus
potiti, -ae, -a essetis
potiti, -ae, -a essent

Nominalformen

Infinitiv Perfekt
potitum, -am, -um esse

Infinitiv Futur
potiturum, -am, -um esse

Partizip Präsens
potiens
potientis

Partizip Futur
potiturus, -a, -um

Partizip Perfekt
potitus, -a, -um

Gerund
potiendi
(ad) potiendum
potiendo

Gerundiv
potiendus, -a, -um/
poti**u**ndus, -a, -um

Imperativ

Imperativ I
poti**re**
poti**mini**

Anwendungsbeispiele

Romani vacuis hostium castris **potiebantur**. *Die Römer* ***bemächtigten sich*** *des verlassenen Lagers der Feinde.*

Imperator ingenti praedā **potitus est**. *Der Feldherr* ***machte*** *gewaltige Beute.*

Milites multis spoliis **potiti** arma hostilia cremaverunt. ***Als*** *die Soldaten viele Beutestücke* ***an sich genommen hatten****, verbrannten sie die feindlichen Waffen.*

Scythae non modo minoribus sed etiam maioribus feris **potiri** studebant. *Die Skythen trachteten danach, nicht nur kleinerer, sondern auch größerer Tiere* ***habhaft zu werden****.*

Spes urbis **potiundae** vana erat. *Die Hoffnung* ***auf Eroberung*** *der Stadt war trügerisch.*

Redewendungen

multis locis potiri *zahlreiche Orte in seine Gewalt bringen*
mari potiri *das Meer beherrschen*
monte potiri *den Berg erreichen*
oppido potiri *die Stadt einnehmen*
rerum potiri *die Macht an sich reißen*
victoriā potiri *den Sieg erringen*

Ähnliche Verben

accipere *annehmen, aufnehmen*
adipisci *erlangen, bekommen*
arripere *an sich reißen*
expugnare *erobern*
nancisci *(zufällig) erlangen*

Gebrauch

Beim Verb potiri steht die Sache, über die jemand (mit Gewalt) Herr wird, meist im Ablativ, oft auch im Genitiv (stets rerum potiri).

Anmerkungen:

50 rapere *rauben, entreißen*

u-Perfekt

Präsensstamm

Indikativ Präsens
rapio
rapis
rapit
rapimus
rapitis
rapiunt

Indikativ Imperfekt
rapiebam
rapiebas
rapiebat
rapiebamus
rapiebatis
rapiebant

Futur I
rapiam
rapies
rapiet
rapiemus
rapietis
rapient

Konjunktiv Präsens
rapiam
rapias
rapiat
rapiamus
rapiatis
rapiant

Konjunktiv Imperfekt
raperem
raperes
raperet
raperemus
raperetis
raperent

Perfektstamm

Indikativ Perfekt
rapui
rapuisti
rapuit
rapuimus
rapuistis
rapuerunt

Indikativ Plusquamperfekt
rapueram
rapueras
rapuerat
rapueramus
rapueratis
rapuerant

Futur II
rapuero
rapueris
rapuerit
rapuerimus
rapueritis
rapuerint

Konjunktiv Perfekt
rapuerim
rapueris
rapuerit
rapuerimus
rapueritis
rapuerint

Konjunktiv Plusquamperfekt
rapuissem
rapuisses
rapuisset
rapuissemus
rapuissetis
rapuissent

Nominalformen

Infinitiv Perfekt
rapuisse

Infinitiv Futur
rapturum, -am, -um esse

Partizip Präsens
rapiens
rapientis

Partizip Futur
rapturus, -a, -um

Partizip Perfekt Passiv
raptus, -a, -um

Gerund
rapiendi
(ad) rapiendum
rapiendo

Gerundiv
rapiendus, -a, -um

Supin
raptum
raptu

Imperativ

Imperativ I
rape
rapite

Imperativ II
rapito
rapito
rapitote
rapiunto

Anwendungsbeispiele

Grande solacium est cum universo **rapi**. *Es ist ein gewaltiger Trost, mit der Gesamtheit* ***fortgerissen zu werden****.*

Ad nutum **raperet** quivis, nisi lex prohiberet. *Auf einen Wink hin* ***würde*** *jeder* ***rauben****, wenn es das Gesetz nicht verböte.*

Cicero desperata libertate in Graeciam **rapiebatur**. *Weil Cicero an der Freiheit verzweifelte,* ***eilte er fort*** *nach Griechenland.*

Non tantum, qui **rapuit**, verum is quoque, qui **raptum** recepit, tenetur. *Nicht nur wer* ***geraubt hat****, sondern auch der, welcher* ***das Raubgut*** *angenommen hat, wird in Haft genommen.*

Quaedam tempora **rapta sunt** nobis, quaedam effluxerunt. *Manche Zeiten* ***wurden*** *uns* ***entrissen****, manche sind einfach verronnen.*

Redewendungen

commoda ad se rapere *Vorteile an sich reißen*
merces in navem rapere *die Waren schleunigst aufs Schiff bringen*
occasionem de die rapere *die Gelegenheit, die der Tag bietet, rasch ergreifen*
ex rapto vivere *vom Raub leben*
in invidiam rapi *sich zum Hass hinreißen lassen*
in ius rapere *vor Gericht zerren*

Ähnliche Verben

arripere *an sich reißen*
corripere *aufgreifen, verhaften*
diripere *plündern, berauben*
eripere *entreißen*

Aufgepasst!

Das Passiv wird nach dem Muster von affici gebildet.
Bei den Komposita lautet der Stamm des Partizips Perfekt Passiv rep-:
arr**e**ptus, corr**e**ptus, dir**e**ptus, er**e**ptus.

Anmerkungen:

51 regere *lenken, regieren*

s-Perfekt, -gs- → -x-

Präsensstamm

Indikativ Präsens
rego
regis
regit
regimus
regitis
regunt

Indikativ Imperfekt
regebam
regebas
regebat
regebamus
regebatis
regebant

Futur I
regam
reges
reget
regemus
regetis
regent

Konjunktiv Präsens
regam
regas
regat
regamus
regatis
regant

Konjunktiv Imperfekt
regerem
regeres
regeret
regeremus
regeretis
regerent

Perfektstamm

Indikativ Perfekt
rexi
rexisti
rexit
reximus
rexistis
rexerunt

Indikativ Plusquamperfekt
rexeram
rexeras
rexerat
rexeramus
rexeratis
rexerant

Futur II
rexero
rexeris
rexerit
rexerimus
rexeritis
rexerint

Konjunktiv Perfekt
rexerim
rexeris
rexerit
rexerimus
rexeritis
rexerint

Konjunktiv Plusquamperfekt
rexissem
rexisses
rexisset
rexissemus
rexissetis
rexissent

Nominalformen

Infinitiv Perfekt
rexisse

Infinitiv Futur
recturum, -am, -um esse

Partizip Präsens
regens
regentis

Partizip Futur
recturus, -a, -um

Partizip Perfekt Passiv
rectus, -a, -um

Gerund
regendi
(ad) regendum
regendo

Gerundiv
regendus, -a, -um

Supin
rectum
rectu

Imperativ

Imperativ I
rege
regite

Imperativ II
regito
regito
regitote
regunto

Anwendungsbeispiele

Mos legem **regit**. *Die Sitte **leitet** das Gesetz.*

Astra **regunt** homines, sed **regit** astra deus. *Die Gestirne **lenken** die Menschen, die Gestirne aber **lenkt** Gott.*

Nobilis equus umbrā quoque virgae **regitur**. *Ein edles Pferd **wird** schon durch den Schatten der Rute **gelenkt**.*

Miramur, quanta prudentia mundus **regatur**. *Wir wundern uns, mit wie viel Verstand die Welt **regiert wird**.*

Puerilis aetas mollis est et apta **regi**. *Die Kindheit ist zart und **lenk**bar.*

Arte amor **regendus est**. *Liebe **muss** mit Kunst **gelenkt werden**.*

Si te ipsum **rexeris**, rex eris. *Wenn **du** dich selbst **beherrschen wirst**, wirst du König sein.*

Tu **regere** imperio populos, Romane, memento! *Du, Römer, denke immer daran, die Völker unter deiner Herrschaft **zu führen**!*

Redewendungen

errantem regere *einen Irrenden zurechtweisen*
libidines regere *die Begierden beherrschen*
navem regere *ein Schiff steuern*
rem publicam regere *den Staat regieren*

Ähnliche Verben

corrigere *berichtigen*
erigere *aufrichten*
porrigere *darreichen*
pergere *fortfahren*
surgere *aufstehen*

Aufgepasst!

Das Passiv wird nach dem Muster des Verbs peti gebildet.
Verwechseln Sie die Formen nicht mit denen des Substantivs rex, regis!

Anmerkungen:

52 reperire *finden*

Reduplikationsperfekt

Präsensstamm

Indikativ Präsens
reperio
reperis
reperit
reperimus
reperitis
reperiunt

Indikativ Imperfekt
reperiebam
reperiebas
reperiebat
reperiebamus
reperiebatis
reperiebant

Futur I
reperiam
reperies
reperiet
reperiemus
reperietis
reperient

Konjunktiv Präsens
reperiam
reperias
reperiat
reperiamus
reperiatis
reperiant

Konjunktiv Imperfekt
reperirem
reperires
reperiret
reperiremus
reperiretis
reperirent

Perfektstamm

Indikativ Perfekt
repperi
repperisti
repperit
repperimus
repperistis
reppererunt

Indikativ Plusquamperfekt
reppereram
reppereras
repperérat
reppereramus
reppereratis
reppererant

Futur II
repperero
reppereris
reppererit
reppererimus
reppereritis
reppererint

Konjunktiv Perfekt
reppererim
reppereris
reppererit
reppererimus
reppereritis
reppererint

Konjunktiv Plusquamperfekt
repperissem
repperisses
repperisset
repperissemus
repperissetis
repperissent

Nominalformen

Infinitiv Perfekt
repperisse

Infinitiv Futur
reperturum, -am, -um esse

Partizip Präsens
reperiens
reperientis

Partizip Futur
reperturus, -a, -um

Partizip Perfekt Passiv
repertus, -a, -um

Gerund
reperiendi
(ad) reperiendum
reperiendo

Gerundiv
reperiendus, -a, -um

Supin
repertum
repertu

Imperativ

Imperativ I	Imperativ II
reperi	reperito
reperite	reperito
	reperitote
	reperiunto

Anwendungsbeispiele

Reus diverticulum fraudis et insidiarum **reperit**. *Der Angeklagte **macht** einen Schlupfwinkel von Betrug und Hinterlist **ausfindig**.*
Quocumque eatur, fabula eadem semper **reperitur**. *Wohin man auch geht, **es wird** immer die gleiche Geschichte **erfunden**.*
Magistratus aequus **reperiri** non potuit. *Ein gerechter Beamter konnte nicht **gefunden werden**.*
Spes gratum hominem **reperiendi** praeciditur. *Die Hoffnung, einen dankbaren Menschen **zu finden**, zerschlägt sich.*
Re ipsa **repperi** facilitate nihil esse melius. *Durch eigenes Erleben **habe ich herausgefunden**, dass nichts besser ist als Umgänglichkeit.*
Quis reliquias Troiae **repperit**? *Wer **hat** Trojas Überreste **entdeckt**?*
Verres putabat se causam calumniae **reperturum esse**. *Verres glaubte, er **werde** einen Anlass für eine Schikane **finden**.*

Sprichwörter

Qui se ipsum laudat, cito derisorem **reperiet**. *Wer sich selber lobt, **wird** schnell einen Spötter **finden**.*
Fortunam citius **reperias** quam retineas. *Das Glück **dürftest du** schneller **finden** als festhalten.*
Proba merx facile emptorem **reperit**. *Gute Ware **findet** leicht ihren Käufer.*

Ähnliche Verben

invenire *finden, erfinden*
nancisci *erlangen*
occurrere *begegnen, treffen auf*
offendere *stoßen auf*

Aufgepasst!

Das Passiv wird nach dem Muster von finiri gebildet. Wie reperire wird auch comperire *in Erfahrung bringen* konjugiert.

Anmerkungen:

53 reverti *zurückkehren*

Semideponens

Präsensstamm

Indikativ Präsens
revertor
reverteris
revertitur
revertimur
revertimini
revertuntur

Indikativ Imperfekt
revertebar
revertebaris
revertebatur
revertebamur
revertebamini
revertebantur

Futur I
revertar
revertēris
revertetur
revertemur
revertemini
revertentur

Konjunktiv Präsens
revertar
revertāris
revertatur
revertamur
revertamini
revertantur

Konjunktiv Imperfekt
reverterer
reverterēris
reverteretur
reverteremur
reverteremini
reverterentur

Perfektstamm

Indikativ Perfekt
reverti
revertisti
revertit
revertimus
revertistis
reverterunt

Indikativ Plusquamperfekt
reverteram
reverteras
reverterat
reverteramus
reverteratis
reverterant

Futur II
revertero
reverteris
reverterit
reverterimus
reverteritis
reverterint

Konjunktiv Perfekt
reverterim
reverteris
reverterit
reverterimus
reverteritis
reverterint

Konjunktiv Plusquamperfekt
revertissem
revertisses
revertisset
revertissemus
revertissetis
revertissent

Nominalformen

Infinitiv Perfekt
revertisse

Infinitiv Futur
reversurum esse

Partizip Präsens
revertens
revertentis

Partizip Futur
reversurus, -a, -um

Partizip Perfekt
reversus, -a, -um

Gerund
revertendi
(ad) revertendum
revertendo

Gerundiv
revertendum

Imperativ

Imperativ I
revertere
revertimini

Anwendungsbeispiele

Milites in castra **revertebantur.** *Die Soldaten **kehrten** ins Lager **zurück**.*

Sed ad propositum **revertamur**! *Aber **kommen wir wieder** auf unser eigentliches Ziel **zu sprechen**!*

Mecum **revertēris in gratiam.** *Mit mir **wirst du dich wieder versöhnen**.*

Revertit ex itinere. ***Er kehrte** unterwegs **wieder um**.*

Non dubito te ad officium **reversurum esse.** *Ich bezweifle nicht, dass du dich **wieder** deiner Aufgabe **zuwenden wirst**.*

Ad ordinem **revertendum est.** ***Man muss** zur Ordnung **zurückkehren**.*

Reversus domum, quod reliquum temporis, studiis reddebat. *Nach Hause **zurückgekehrt**, widmete er die verbliebene Zeit seinen Studien.*

Sprichwörter

Nescit vox missa **reverti.** *Ein ausgesprochenes Wort kann nicht **zurückkehren**.*

Circumretit enim vis atque iniuria quemque atque unde exorta est, ad eum plerumque **revertit.** *Gewalt und Unrecht umgarnen nämlich jeden, und bei wem sie entstanden sind, zu dem **sind sie** meist auch **zurückgekehrt**.*

Ähnliche Verben

recurrere *zurücklaufen*
redire *zurückkehren*
se referre *sich zurückziehen*
revenire *zurückkommen*

Aufgepasst!

Das Verb reverti ist im klassischen Latein ein Semideponens, das im Präsensstamm Passivformen und im Perfektstamm Aktivformen aufweist. Zusätzlich gibt es das Partizip Perfekt reversus *zurückgekehrt*.
Daneben finden sich unklassisch aber auch Aktivformen im Präsensstamm (revertere, reverto) und Passivformen im Perfektstamm (reversus sum).

Anmerkungen:

54 scribere *schreiben*

s-Perfekt, -bs- → -ps-

Präsensstamm

Indikativ Präsens
scribo
scribis
scribit
scribimus
scribitis
scribunt

Indikativ Imperfekt
scribebam
scribebas
scribebat
scribebamus
scribebatis
scribebant

Futur I
scribam
scribes
scribet
scribemus
scribetis
scribent

Konjunktiv Präsens
scribam
scribas
scribat
scribamus
scribatis
scribant

Konjunktiv Imperfekt
scriberem
scriberes
scriberet
scriberemus
scriberetis
scriberent

Perfektstamm

Indikativ Perfekt
scripsi
scripsisti
scripsit
scripsimus
scripsistis
scripserunt

Indikativ Plusquamperfekt
scripseram
scripseras
scripserat
scripseramus
scripseratis
scripserant

Futur II
scripsero
scripseris
scripserit
scripserimus
scripseritis
scripserint

Konjunktiv Perfekt
scripserim
scripseris
scripserit
scripserimus
scripseritis
scripserint

Konjunktiv Plusquamperfekt
scripsissem
scripsisses
scripsisset
scripsissemus
scripsissetis
scripsissent

Nominalformen

Infinitiv Perfekt
scripsisse

Infinitiv Futur
scripturum, -am, -um esse

Partizip Präsens
scribens
scribentis

Partizip Futur
scripturus, -a, -um

Partizip Perfekt Passiv
scriptus, -a, -um

Gerund
scribendi
(ad) scribendum
scribendo

Gerundiv
scribendus, -a, -um

Supin
scriptum
scriptu

Imperativ

Imperativ I	Imperativ II
scribe	scribito
scribite	scribito
	scribitote
	scribunto

Anwendungsbeispiele

Difficile est satiram non **scribere.** *Es fällt schwer, keine Satire* ***zu schreiben.***
Scribimus indocti doctique. ***Wir*** *(alle)* ***schreiben*** *drauflos, Ungelehrte wie Gelehrte.*
Multa in aqua **scripsisti.** *Vieles* ***hast du*** *vergeblich* ***geschrieben.***
Vigilantibus leges **scriptae sunt.** *Für Wachsame* ***sind*** *die Gesetze* ***geschrieben.***
Si quid **scriptum est** obscure, de re dubites. *Wenn etwas unklar* ***abgefasst ist****, dann misstraue der Angelegenheit!*
Fons et principium recte **scribendi** est sapere. *Quelle und Grundlage fehlerfreier* ***Darstellung*** *ist es, klug zu sein.*
Cito **scribendo** non fit, ut bene **scribamus.** ***Durch*** *schnelles* ***Schreiben*** *kommt es nicht dazu, dass* ***wir*** *gut* ***schreiben.***

Sprichwörter

Vox audita perit, **littera scripta** manet. *Das gehörte Wort vergeht,* ***Geschriebenes*** *bleibt.*
Scribere scribendo, dicendo dicere disces. ***Das Schreiben*** *wirst du* ***durch Schreiben****, das Reden durch Reden lernen.*

Ähnliche Verben

conscribere *verfassen, (Truppen) ausheben*
describere *beschreiben, bestimmen*
inscribere *mit einer Aufschrift/einem Titel versehen*
praescribere *voranstellen, vorschreiben*
proscribere *öffentlich bekannt machen, ächten*

Gebrauch

Wenn das Verb scribere *mitteilen* bedeutet, ist es mit AcI verbunden. In der Bedeutung *(schriftlich) anordnen* wird es in der Regel mit ut/ne fortgeführt. Das Passiv wird nach dem Muster von peti gebildet.

Anmerkungen:

55 sentire *fühlen, meinen*

s-Perfekt, -ts- → -s-

Präsensstamm

Indikativ Präsens
sentio
sentis
sentit
sentimus
sentitis
sentiunt

Indikativ Imperfekt
sentiebam
sentiebas
sentiebat
sentiebamus
sentiebatis
sentiebant

Futur I
sentiam
senties
sentiet
sentiemus
sentietis
sentient

Konjunktiv Präsens
sentiam
sentias
sentiat
sentiamus
sentiatis
sentiant

Konjunktiv Imperfekt
sentirem
sentires
sentiret
sentiremus
sentiretis
sentirent

Perfektstamm

Indikativ Perfekt
sensi
sensisti
sensit
sensimus
sensistis
senserunt

Indikativ Plusquamperfekt
senseram
senseras
senserat
senseramus
senseratis
senserant

Futur II
sensero
senseris
senserit
senserimus
senseritis
senserint

Konjunktiv Perfekt
senserim
senseris
senserit
senserimus
senseritis
senserint

Konjunktiv Plusquamperfekt
sensissem
sensisses
sensisset
sensissemus
sensissetis
sensissent

Nominalformen

Infinitiv Perfekt
sensisse

Infinitiv Futur
sensurum, -am, -um esse

Partizip Präsens
sentiens
sentientis

Partizip Futur
sensurus, -a, -um

Partizip Perfekt Passiv
sensus, -a, -um

Gerund
sentiendi
(ad) sentiendum
sentiendo

Gerundiv
sentiendus, -a, -um

Supin
sensum
sensu

Imperativ

Imperativ I
senti
sentite

Imperativ II
sentito
sentito
sentitote
sentiunto

Anwendungsbeispiele

Bene dormit, qui non **sentit**, an male dormiat. *Gut schläft, wer nicht **merkt**, ob er schlecht schläft.*

Quod **sentimus** loquamur, quod loquimur, **sentiamus**! *Sprechen wir aus, was **wir meinen**, und **meinen wir**, was wir aussprechen!*

Eorum, quae aspectu **sentiuntur**, nullum aliud animal pulchritudinem et venustatem **sentit**. *Kein anderes Lebewesen **empfindet** Schönheit und Anmut dessen, was durch den Anblick **wahrgenommen wird**.*

Illa seges placet agricolae, quae bis solem, bis frigora **sensit**. *Jene Saat gefällt dem Bauern, die zweimal die Sonne und zweimal den Frost **erlebt hat**.*

Constat consulem **sensisse**, quae scripsit. *Es steht fest, dass der Konsul auch **meinte**, was er schrieb.*

Demens est, qui timet, quod non **est sensurus**. *Töricht ist, wer fürchtet, was **er** nicht **empfinden wird**.*

Redewendungen

aliter sentire *anderer Meinung sein*
bene/male sentire de aliquo *jdm. gut/übel gesinnt sein*
contra aliquem sentire *gegen jdn. feindlich gesinnt sein*
cum aliquo sentire *auf jds. Seite stehen*
optime de re publica sentire *für den Staat das Beste wollen*
plus sentire *mehr verstehen*

Ähnliche Verben

assentiri *zustimmen*
consentire *übereinstimmen*
dissentire *uneins sein, anderer Meinung sein*

Aufgepasst!

Das Passiv – nach dem Muster des Verbs finiri – ist weitgehend auf die 3. Person beschränkt.

Tipps & Tricks

Der Inhalt des Fühlens und Meinens steht oft im Infinitiv, AcI oder indirekten Fragesatz. Ist das Verb mit doppeltem Akkusativ verbunden, hat es die Bedeutung *sich etw./jdn. vorstellen als*.

Anmerkungen:

56 sequi *folgen*

Deponens

Präsensstamm

Indikativ Präsens
sequor
sequeris
sequitur
sequimur
sequimini
sequuntur

Indikativ Imperfekt
sequebar
sequebaris
sequebatur
sequebamur
sequebamini
sequebantur

Futur I
sequar
sequēris
sequetur
sequemur
sequemini
sequentur

Konjunktiv Präsens
sequar
sequāris
sequatur
sequamur
sequamini
sequantur

Konjunktiv Imperfekt
sequerer
sequerēris
sequeretur
sequeremur
sequeremini
sequerentur

Perfektstamm

Indikativ Perfekt
secutus, -a, -um sum
secutus, -a, -um es
secutus, -a, -um est
secuti, -ae, -a sumus
secuti, -ae, -a estis
secuti, -ae, -a sunt

Indikativ Plusquamperfekt
secutus, -a, -um eram
secutus, -a, -um eras
secutus, -a, -um erat
secuti, -ae, -a eramus
secuti, -ae, -a eratis
secuti, -ae, -a erant

Futur II
secutus, -a, -um ero
secutus, -a, -um eris
secutus, -a, -um erit
secuti, -ae, -a erimus
secuti, -ae, -a eritis
secuti, -ae, -a erunt

Konjunktiv Perfekt
secutus, -a, -um sim
secutus, -a, -um sis
secutus, -a, -um sit
secuti, -ae, -a simus
secuti, -ae, -a sitis
secuti, -ae, -a sint

Konjunktiv Plusquamperfekt
secutus, -a, -um essem
secutus, -a, -um esses
secutus, -a, -um esset
secuti, -ae, -a essemus
secuti, -ae, -a essetis
secuti, -ae, -a essent

Nominalformen

Infinitiv Perfekt
secutum, -am, -um esse

Infinitiv Futur
secuturum, -am, -um esse

Partizip Präsens
sequens
sequentis

Partizip Futur
secuturus, -a, -um

Partizip Perfekt
secutus, -a, -um

Gerund
sequendi
(ad) sequendum
sequendo

Gerundiv
sequendus, -a, -um

Imperativ

Imperativ I
sequ**ere**
sequ**imini**

Anwendungsbeispiele

Ver hiemem **sequitur**. *Auf den Winter **folgt** der Frühling.*
Gloria virtutem **sequi** solet. *Der Ruhm pflegt der Tüchtigkeit **zu folgen**.*
Ridentur, qui pro certis incerta **sequuntur**. *Ausgelacht wird, wer dem Unsicheren statt dem Sicheren **nachjagt**.*
Cato, quo minus gloriam petebat, eo magis **sequebatur**. *Je weniger Cato nach Ruhm strebte, desto mehr **stellte** er **sich ein**.*
Scriptorem et auctorem rerum haudquaquam par gloria **sequitur**. *Dem, der Geschichte schreibt, und dem, der Geschichte gestaltet, **wird** keineswegs gleicher Ruhm **zuteil**.*
Nonnulli homines emolumentum magis quam virtutem **secuti sunt**. *Manche Menschen **trachteten** mehr **nach** Gewinn als nach Anständigkeit.*

Redewendungen

amicitiam sequi *Freundschaft suchen*
exempla maiorum sequi *sich nach dem Vorbild der Vorfahren richten*
leges sequi *sich an die Gesetze halten*
naturam sequi *sich von der Natur leiten lassen*

Ähnliche Verben

assequi *erreichen*
consequi *verfolgen, einholen*
exsequi *geleiten, verfolgen*
obsequi *nachgeben, gehorchen*
persequi *verfolgen, bestrafen*
subsequi *(unmittelbar) nachfolgen*

Aufgepasst!

Als Objekt zum Verb sequi und seinen Komposita steht im Gegensatz zum Deutschen immer der Akkusativ! Nur das Kompositum obsequi regiert den Dativ.

Anmerkungen:

57 solere *gewohnt sein, (zu tun) pflegen*

Semideponens

Präsensstamm

Indikativ Präsens
soleo
soles
solet
solemus
soletis
solent

Indikativ Imperfekt
solebam
solebas
solebat
solebamus
solebatis
solebant

Futur I
solebo
solebis
solebit
solebimus
solebitis
solebunt

Konjunktiv Präsens
soleam
soleas
soleat
soleamus
soleatis
soleant

Konjunktiv Imperfekt
solerem
soleres
soleret
soleremus
soleretis
solerent

Perfektstamm

Indikativ Perfekt
solitus, -a, -um sum
solitus, -a, -um es
solitus, -a, -um est
soliti, -ae, -a sumus
soliti, -ae, -a estis
soliti, -ae, -a sunt

Indikativ Plusquamperfekt
solitus, -a, -um eram
solitus, -a, -um eras
solitus, -a, -um erat
soliti, -ae, -a eramus
soliti, -ae, -a eratis
soliti, -ae, -a erant

Futur II
solitus, -a, -um ero
solitus, -a, -um eris
solitus, -a, -um erit
soliti, -ae, -a erimus
soliti, -ae, -a eritis
soliti, -ae, -a erunt

Konjunktiv Perfekt
solitus, -a, -um sim
solitus, -a, -um sis
solitus, -a, -um sit
soliti, -ae, -a simus
soliti, -ae, -a sitis
soliti, -ae, -a sint

Konjunktiv Plusquamperfekt
solitus, -a, -um essem
solitus, -a, -um esses
solitus, -a, -um esset
soliti, -ae, -a essemus
soliti, -ae, -a essetis
soliti, -ae, -a essent

Nominalformen

Infinitiv Perfekt
solitum esse

Partizip Präsens
solens
solentis

Partizip Perfekt
solitus, -a, -um

Imperativ

Imperativ I
sole
solete

Imperativ II
soleto
soleto
soletote
solento

Anwendungsbeispiele

Sed hic senex iam clamat intus ut **solet**. *Aber der Alte schreit drinnen schon wieder, wie **üblich**.*
Barbari fusis comis ire **solent**. *Die Barbaren laufen **gewöhnlich** mit lang herabwallenden Haaren herum.*
Illa mea, quae **solebas** antea laudare, abierunt. *Jene Eigenschaften, die du früher **gern** an mir lobtest, sind verschwunden.*
Non tam sum peregrinator iam, quam **solebam**. *Ich bin nicht mehr so ein Freund des Reisens wie **früher**.*
Gubernatores alias imperare **soliti** nunc metu mortis iussa exsequebantur. ***Obwohl** die Steuermänner **es** sonst **gewohnt waren** Befehle zu geben, führten sie aus Todesangst jetzt Befehle aus.*

Sprichwörter

Qui mentiri **solet**, peierare consuevit. *Wer zu lügen **pflegt**, pflegt auch Meineide zu leisten.*
Legem **solet** oblivisci iracundia. *Jähzorn kennt **gewöhnlich** kein Gesetz.*
Quod fugere credas, saepe **solet** occurrere. *Was man zu meiden glaubt, **pflegt** einem oft zu begegnen.*

Ähnliche Verben

assuefacere *jdn. an etw. gewöhnen*
assuescere *sich gewöhnen an*
assuevisse *gewohnt sein*
consuescere *sich gewöhnen an*
consuevisse *gewohnt sein, pflegen*

Aufgepasst!

Bitte verwechseln Sie nicht curare *(jdn.) pflegen* mit solere. Nach dem Modell von solere werden auch die Semideponenzien audere (audeo, ausus sum) *wagen* und gaudere (gaudeo, gavisus sum) *sich freuen* konjugiert.

Tipps & Tricks

Bei der Übersetzung von solere machen Sie am besten aus dem lateinischen Infinitiv das Prädikat und aus der Form von solere ein Adverb wie *gewöhnlich*, *üblicherweise*, *gern*.

Anmerkungen:

58 stare *stehen*

Reduplikationsperfekt

Präsensstamm

Indikativ Präsens
sto
stas
stat
stamus
statis
stant

Indikativ Imperfekt
stabam
stabas
stabat
stabamus
stabatis
stabant

Futur I
stabo
stabis
stabit
stabimus
stabitis
stabunt

Konjunktiv Präsens
stem
stes
stet
stemus
stetis
stent

Konjunktiv Imperfekt
starem
stares
staret
staremus
staretis
starent

Perfektstamm

Indikativ Perfekt
steti
stetisti
stetit
stetimus
stetistis
steterunt

Indikativ Plusquamperfekt
steteram
steteras
steterat
steteramus
steteratis
steterant

Futur II
stetero
steteris
steterit
steterimus
steteritis
steterint

Konjunktiv Perfekt
steterim
steteris
steterit
steterimus
steteritis
steterint

Konjunktiv Plusquamperfekt
stetissem
stetisses
stetisset
stetissemus
stetissetis
stetissent

Nominalformen

Infinitiv Perfekt
stetisse

Infinitiv Futur
staturum, -am, -um esse

Partizip Präsens
stans
stantis

Partizip Futur
staturus, -a, -um

Partizip Perfekt Passiv
statum

Gerund
standi
(ad) standum
stando

Supin
statum
statu

Imperativ

Imperativ I
sta
state

Imperativ II
stato
stato
statote
stanto

Anwendungsbeispiele

Ideo multis pedibus **sto** et in mari et in terra multa possideo. *Deshalb* ***stehe ich*** *auf vielen Füßen und besitze viel zu Wasser und zu Land.*

Si brevis es, sedeas, ne **stans** videaris sedere. *Wenn du klein bist, dann setze dich hin, damit du nicht* ***im Stehen*** *aussiehst, als ob du säßest.*

Omnis spes Graecorum Palladis auxilio semper **stetit**. *Alle Hoffnung der Griechen* ***beruhte*** *immer auf der Hilfe von Pallas Athene.*

Hic hasta Aeneae **stabat**. *Hier* ***blieb*** *Aeneas' Lanze* ***stecken***.

Stabunt tibi tua foedera magno. *Deine Bündnisse* ***werden*** *dich teuer* ***zu stehen kommen***.

Stat ei in corde silex. ***Er hat*** *einen Kieselstein im Herzen.*

Redewendungen

stare ab/cum aliquo *auf jds. Seite stehen*
gratis stare *nichts kosten*
animo stare *guten Mutes sein*
in fide stare *Wort halten*
viribus suis stare *auf eigenen Füßen stehen, unabhängig sein*

Ähnliche Verben

circumstare *umherstehen, umringen, umzingeln*
constare *bestehen, kosten*
instare *bevorstehen, drohen, bedrängen*
praestare mit Dativ *jdn. übertreffen*
praestare mit Akkusativ *etw. leisten*
restare *übrig bleiben*

Aufgepasst!

Wie stare bildet auch circumstare den Perfektstamm -**stet**- (circum**stet**i). Die übrigen Komposita haben als Perfektstamm -**stit**- (con**stit**i, in**stit**i, prae**stit**i, re**stit**i).

Anmerkungen:

59 sumere *nehmen*

s-Perfekt, -ms- → -mps-

Präsensstamm

Indikativ Präsens
sumo
sumis
sumit
sumimus
sumitis
sumunt

Indikativ Imperfekt
sumebam
sumebas
sumebat
sumebamus
sumebatis
sumebant

Futur I
sumam
sumes
sumet
sumemus
sumetis
sument

Konjunktiv Präsens
sumam
sumas
sumat
sumamus
sumatis
sumant

Konjunktiv Imperfekt
sumerem
sumeres
sumeret
sumeremus
sumeretis
sumerent

Perfektstamm

Indikativ Perfekt
sumpsi
sumpsisti
sumpsit
sumpsimus
sumpsistis
sumpserunt

Indikativ Plusquamperfekt
sumpseram
sumpseras
sumpserat
sumpseramus
sumpseratis
sumpserant

Futur II
sumpsero
sumpseris
sumpserit
sumpserimus
sumpseritis
sumpserint

Konjunktiv Perfekt
sumpserim
sumpseris
sumpserit
sumpserimus
sumpseritis
sumpserint

Konjunktiv Plusquamperfekt
sumpsissem
sumpsisses
sumpsisset
sumpsissemus
sumpsissetis
sumpsissent

Nominalformen

Infinitiv Perfekt
sumpsisse

Infinitiv Futur
sumpturum, -am, -um esse

Partizip Präsens
sumens
sumentis

Partizip Futur
sumpturus, -a, -um

Partizip Perfekt Passiv
sumptus, -a, -um

Gerund
sumendi
(ad) sumendum
sumendo

Gerundiv
sumendus, -a, -um

Supin
sumptum
sumptu

Imperativ

Imperativ I
sume
sumite

Imperativ II
sumito
sumito
sumitote
sumunto

Anwendungsbeispiele

Neglecta incendia ingentes vires **sumunt**. *Nicht beachtete Brände* ***entfalten*** *gewaltige Kräfte.*

Ex aliis nobis exemplum **sumamus**. ***Nehmen wir*** *uns an anderen ein Beispiel!*

Aliquid temporis tui **sume** etiam tibi! ***Verwende*** *etwas von deiner Zeit auch für dich!*

Sumite, cum scribitis, materiam vestris viribus aequam! ***Wählt****, wenn ihr schreibt, einen euren Kräften angemessenen Stoff!*

Arma in armatos **sumpsisse** non iniustum esse videtur. *Waffen gegen Bewaffnete* ***ergriffen zu haben****, scheint nicht ungerecht zu sein.*

Haec opera tibi **sumenda est**. *Du* ***musst*** *diese Mühe* ***auf dich nehmen****.*

Redewendungen

animum sumere *Mut fassen*
bellum sumere *Krieg beginnen*
supplicium sumere de aliquo *jdn. hinrichten*
tempus sibi sumere *sich Zeit nehmen*
togam sumere *die Toga anlegen*
pro certo sumere aliquid *etw. als sicher annehmen*

Ähnliche Verben

accipere *annehmen, empfangen*
auferre *wegnehmen, rauben*
capere *ergreifen, einnehmen*
eripere *entreißen*
expugnare *erobern, erstürmen*
occupare *in Besitz nehmen, besetzen*
absumere *vernichten*
consumere *verbrauchen, verschwenden*

Aufgepasst!

Das Passiv wird nach dem Muster des Verbs peti gebildet.

Tipps & Tricks

Die Verben absumere und consumere sowie demere *wegnehmen* und promere *hervorholen* werden wie sumere konjugiert.

Anmerkungen:

60 tangere *berühren, anfassen*

Reduplikationsperfekt

Präsensstamm

Indikativ Präsens
tango
tangis
tangit
tangimus
tangitis
tangunt

Indikativ Imperfekt
tangebam
tangebas
tangebat
tangebamus
tangebatis
tangebant

Futur I
tangam
tanges
tanget
tangemus
tangetis
tangent

Konjunktiv Präsens
tangam
tangas
tangat
tangamus
tangatis
tangant

Konjunktiv Imperfekt
tangerem
tangeres
tangeret
tangeremus
tangeretis
tangerent

Perfektstamm

Indikativ Perfekt
tetigi
tetigisti
tetigit
tetigimus
tetigistis
tetigerunt

Indikativ Plusquamperfekt
tetigeram
tetigeras
tetigerat
tetigeramus
tetigeratis
tetigerant

Futur II
tetigero
tetigeris
tetigerit
tetigerimus
tetigeritis
tetigerint

Konjunktiv Perfekt
tetigerim
tetigeris
tetigerit
tetigerimus
tetigeritis
tetigerint

Konjunktiv Plusquamperfekt
tetigissem
tetigisses
tetigisset
tetigissemus
tetigissetis
tetigissent

Nominalformen

Infinitiv Perfekt
tetigisse

Infinitiv Futur
tācturum, -am, -um esse

Partizip Präsens
tangens
tangentis

Partizip Futur
tācturus, -a, -um

Partizip Perfekt Passiv
tāctus, -a, -um

Gerund
tangendi
(ad) tangendum
tangendo

Gerundiv
tangendus, -a, -um

Supin
tāctum
tāctu

Imperativ

Imperativ I	Imperativ II
tange	tangito
tangite	tangito
	tangitote
	tangunto

Anwendungsbeispiele

Noli me **tangere**! ***Berühre** mich nicht!*

Deorum sedes non **tangam.** *An die Göttersitze **will ich** nicht **rühren**.*

Ebrietas frangit, quidquid sapientia **tangit.** *Alles, was die Weisheit **in Gang setzt**, zerstört die Trunkenheit.*

Factis impiis ne **tangaris**! *Von ruchlosen Taten **mögest du dich** nicht **treffen lassen**!*

Dido felix mansisset, si Aeneae naves litora Karthaginis numquam **tetigissent.** *Dido wäre glücklich geblieben, wenn Aeneas' Schiffe die Küste Karthagos nie **erreicht hätten**.*

Nihil dictu foedum visuque haec limina **tangat**! *Nichts, was zu sagen und zu sehen abscheulich ist, **möge** an diese Tür **gelangen**!*

Augur aves observans de caelo **tactus est.** *Während der Augur die Vögel beobachtete, **wurde er** vom Blitz **getroffen**.*

Sprichwörter

Sunt lacrimae rerum et mentem mortalia **tangunt.** *Es gibt Tränen in der Welt und ans Herz **rührt** menschliches Schicksal.*

Qui **tetigerit** picem, inquinabitur ab ea. *Wer Pech **anfasst**, wird davon schmutzig.*

Ähnliche Verben

capere *ergreifen*
pertinere ad *sich erstrecken auf, Einfluss haben auf*
premere *drücken*
stringere *streifen, verwunden*
urgēre *bedrängen*

Gebrauch

Das Verb tangere ist immer transitiv und verlangt in der Regel ein Akkusativobjekt. Das Passiv wird nach dem Muster des Verbs peti gebildet.

Tipps & Tricks

Fast gleichbedeutende Komposita zu tangere sind attingere und contingere; bei diesen entfällt die Reduplikation. Das unpersönlich gebrauchte contingit hat die Bedeutung *es gelingt, es glückt*.

Anmerkungen:

61 tendere *spannen, ziehen, streben*

Reduplikationsperfekt

Präsensstamm

Indikativ Präsens
tendo
tendis
tendit
tendimus
tenditis
tendunt

Indikativ Imperfekt
tendebam
tendebas
tendebat
tendebamus
tendebatis
tendebant

Futur I
tendam
tendes
tendet
tendemus
tendetis
tendent

Konjunktiv Präsens
tendam
tendas
tendat
tendamus
tendatis
tendant

Konjunktiv Imperfekt
tenderem
tenderes
tenderet
tenderemus
tenderetis
tenderent

Perfektstamm

Indikativ Perfekt
tetendi
tetendisti
tetendit
tetendimus
tetendistis
tetenderunt

Indikativ Plusquamperfekt
tetenderam
tetenderas
tetenderat
tetenderamus
tetenderatis
tetenderant

Futur II
tetendero
tetenderis
tetenderit
tetenderimus
tetenderitis
tetenderint

Konjunktiv Perfekt
tetenderim
tetenderis
tetenderit
tetenderimus
tetenderitis
tetenderint

Konjunktiv Plusquamperfekt
tetendissem
tetendisses
tetendisset
tetendissemus
tetendissetis
tetendissent

Nominalformen

Infinitiv Perfekt
tetendisse

Infinitiv Futur
tenturum, -am, -um esse

Partizip Präsens
tendens
tendentis

Partizip Futur
tenturus, -a, -um

Partizip Perfekt Passiv
tentus, -a, -um

Gerund
tendendi
(ad) tendendum
tendendo

Gerundiv
tendendus, -a, -um

Supin
tentum
tentu

Imperativ

Imperativ I
tende
tendite

Imperativ II
tendito
tendito
tenditote
tendunto

Anwendungsbeispiele

Non semper **tendit** arcum Apollo. *Nicht immer* ***spannt*** *Apollo den Bogen.*
Venator scit, ubi cervis retia **tendat.** *Der Jäger weiß, wo er den Hirschen die Netze* ***spannt.***
Si puellam capere vis, modo **tende** plagas! *Wenn du ein Mädchen erobern willst,* ***stelle*** *ihm nur Fallen!*
Virtus in ardua **tendit.** *Tüchtigkeit* ***strebt*** *nach Schwierigem.*
Sine labore non **tenditur** in requiem. *Ohne Arbeit* ***sehnt man sich*** *nicht nach Ruhe.*
Per tot casus in Latium **tetendimus.** *Bei so vielen Widrigkeiten* ***nahmen wir Kurs*** *auf Latium.*
Unde venis et quo **tendis**? *Woher kommst du und wohin* ***willst du****?*

Redewendungen

manus tendere ad *die Hände ausstrecken nach/erheben zu*
navem tendere *ein Schiff steuern*
noctem tendere *die Nacht hinziehen*
retia tendere *die Netze spannen*
magna vi tendere *sich sehr anstrengen*

Ähnliche Verben

attendere *beachten, aufpassen*
contendere *sich anstrengen, eilen, kämpfen, behaupten*
intendere *beabsichtigen*
ostendere *zeigen, darlegen*

Aufgepasst!

Das Passiv wird nach dem Muster des Verbs peti gebildet.
Bei den Komposita zu tendere entfällt die Reduplikation, so dass bei einigen Formen Präsens und Perfekt gleich aussehen. In diesen Fällen hilft Ihnen der Kontext bei der Feststellung des Tempus.

Anmerkungen:

62 tollere *(auf)heben, beseitigen*

Perfekt mit Stammwechsel

Präsensstamm

Indikativ Präsens
tollo
tollis
tollit
tollimus
tollitis
tollunt

Indikativ Imperfekt
tollebam
tollebas
tollebat
tollebamus
tollebatis
tollebant

Futur I
tollam
tolles
tollet
tollemus
tolletis
tollent

Konjunktiv Präsens
tollam
tollas
tollat
tollamus
tollatis
tollant

Konjunktiv Imperfekt
tollerem
tolleres
tolleret
tolleremus
tolleretis
tollerent

Perfektstamm

Indikativ Perfekt
sustuli
sustulisti
sustulit
sustulimus
sustulistis
sustulerunt

Indikativ Plusquamperfekt
sustuleram
sustuleras
sustulerat
sustuleramus
sustuleratis
sustulerant

Futur II
sustulero
sustuleris
sustulerit
sustulerimus
sustuleritis
sustulerint

Konjunktiv Perfekt
sustulerim
sustuleris
sustulerit
sustulerimus
sustuleritis
sustulerint

Konjunktiv Plusquamperfekt
sustulissem
sustulisses
sustulisset
sustulissemus
sustulissetis
sustulissent

Nominalformen

Infinitiv Perfekt
sustulisse

Infinitiv Futur
sublaturum, -am, -um esse

Partizip Präsens
tollens
tollentis

Partizip Futur
sublaturus, -a, -um

Partizip Perfekt Passiv
sublatus, -a, -um

Gerund
tollendi
(ad) tollendum
tollendo

Gerundiv
tollendus, -a, -um

Supin
sublatum
sublatu

Imperativ

Imperativ I
tolle
tollite

Imperativ II
tollito
tollito
tollitote
tollunto

Anwendungsbeispiele

Qui taurum **sustulit**, vitulum **tollere** potest. *Wer einen Stier **hochgehoben hat**, kann auch ein Kälbchen **heben**.*
Abusus non **tollit** usum. *Missbrauch **hebt** ein Gebrauchsrecht nicht **auf**.*
Sublatā benevolentiā amicitia **tollitur**. ***Wenn** das Wohlwollen **weggefallen ist**, **löst sich** auch die Freundschaft **auf**.*
Non bene, si **tollas** proelia, durat amor. *Wenn **du** den Wettbewerb **aufhebst**, dauert die Liebe nicht an.*
Avaritiam si **tollere** vultis, mater eius **est tollenda**, luxuria. *Wenn ihr die Habgier **beseitigen** wollt, **muss** zuerst ihre Mutter, die Genusssucht, **beseitigt werden**.*

Redewendungen

animum tollere alicui *jdn. ermutigen*
clamorem tollere *ein Geschrei erheben*
onera tollere *Lasten auf sich nehmen*
spem tollere alicui *jdm. die Hoffnung nehmen*

Ähnliche Verben

abolēre *abschaffen*
capere *ergreifen*
comprehendere *ergreifen*
expedire *aus dem Weg räumen*
levare *in die Höhe heben*
mittere *sein lassen, beenden*
solvere *lösen, auflösen*

Aufgepasst!

Das Passiv wird nach dem Muster des Verbs peti gebildet. Beachten Sie, dass das Bedeutungsspektrum des Verbs tollere von *emporheben*, *erheben* bis zu *aufheben*, *beseitigen* reicht.

Tipps & Tricks

Unterscheiden Sie zwischen dem Perfekt sustuli von tollere und dem Perfekt tuli von ferre *tragen*, *bringen*!

Anmerkungen:

63 uti *gebrauchen, verwenden*

Deponens

Präsensstamm

Indikativ Präsens
utor
uteris
utitur
utimur
utimini
utuntur

Indikativ Imperfekt
utebar
utebaris
utebatur
utebamur
utebamini
utebantur

Futur I
utar
utēris
utetur
utemur
utemini
utentur

Konjunktiv Präsens
utar
utāris
utatur
utamur
utamini
utantur

Konjunktiv Imperfekt
uterer
uterēris
uteretur
uteremur
uteremini
uterentur

Perfektstamm

Indikativ Perfekt
usus, -a, -um sum
usus, -a, -um es
usus, -a, -um est
usi, -ae, -a sumus
usi, -ae, -a estis
usi, -ae, -a sunt

Indikativ Plusquamperfekt
usus, -a, -um eram
usus, -a, -um eras
usus, -a, -um erat
usi, -ae, -a eramus
usi, -ae, -a eratis
usi, -ae, -a erant

Futur II
usus, -a, -um ero
usus, -a, -um eris
usus, -a, -um erit
usi, -ae, -a erimus
usi, -ae, -a eritis
usi, -ae, -a erunt

Konjunktiv Perfekt
usus, -a, -um sim
usus, -a, -um sis
usus, -a, -um sit
usi, -ae, -a simus
usi, -ae, -a sitis
usi, -ae, -a sint

Konjunktiv Plusquamperfekt
usus, -a, -um essem
usus, -a, -um esses
usus, -a, -um esset
usi, -ae, -a essemus
usi, -ae, -a essetis
usi, -ae, -a essent

Nominalformen

Infinitiv Perfekt
usum, -am, -um esse

Infinitiv Futur
usurum, -am, -um esse

Partizip Präsens
utens
utentis

Partizip Futur
usurus, -a, -um

Partizip Perfekt
usus, -a, -um

Gerund
utendi
(ad) utendum
utendo

Gerundiv
utendus, -a, -um

Imperativ

Imperativ I
ut**ere**
ut**imini**

Anwendungsbeispiele

In re mala si **bono animo uteris**, utile est. *Wenn* ***du*** *in einer schlimmen Lage* ***guten Mutes bist****, ist es nützlich.*

Dum primi temporis aetas tibi floret, **utere**! *Solange dir die Zeit der Jugend blüht,* ***nütze sie****!*

Perpetuo vincit, qui **utitur** clementiā. *Beständig siegt, wer Milde* ***walten lässt****.*

In hac re dubia iudex more maiorum **usus est**. *In diesem Zweifelsfall* ***stützte sich*** *der Richter* ***auf*** *die Sitte der Vorfahren.*

Melioribus fatis **utaris**. ***Mögest du*** *ein besseres Schicksal* ***haben****!*

Cicero Attico familiariter **utebatur**. *Cicero* ***hatte*** *freundschaftlichen* ***Umgang*** *mit Atticus.*

Redewendungen

aliquo amico uti *jdn. zum Freund haben*
auxilio alicuius uti *jds. Hilfe in Anspruch nehmen*
legibus uti *sich auf die Gesetze berufen*
libertate uti *in Freiheit leben*
occasione uti *die Gelegenheit nutzen*
oraculo uti *das Orakel befragen*
bona valetudine uti *sich guter Gesundheit erfreuen*

Ähnliche Verben

frui mit Ablativ *etw. genießen*
habēre *haben*
adhibēre *anwenden, hinzuziehen*
possidēre *besitzen*
abuti mit Ablativ *etw. missbrauchen*

Aufgepasst!

Die Sache, die mit dem Verb uti in Gebrauch genommen wird, steht immer im Ablativ. Die passende Übersetzung ermitteln Sie aus der Verbindung des Verbs mit dem zugehörigen Substantiv.

Tipps & Tricks

Auch frui *genießen*, fungi *verwalten*, niti *sich stützen auf*, potiri *sich bemächtigen* und vesci *sich ernähren von* stehen mit Ablativ.

Anmerkungen:

64 velle *wollen*

u-Perfekt

Präsensstamm

Indikativ Präsens
volo
vis
vult
vol**u**mus
vultis
volunt

Indikativ Imperfekt
volebam
volebas
volebat
volebamus
volebatis
volebant

Futur I
volam
voles
volet
volemus
voletis
volent

Konjunktiv Präsens
velim
velis
velit
velimus
velitis
velint

Konjunktiv Imperfekt
vellem
velles
vellet
vellemus
velletis
vellent

Perfektstamm

Indikativ Perfekt
vol**u**i
vol**u**isti
vol**u**it
vol**u**imus
vol**u**istis
vol**u**erunt

Indikativ Plusquamperfekt
vol**u**eram
vol**u**eras
vol**u**erat
vol**u**eramus
vol**u**eratis
vol**u**erant

Futur II
vol**u**ero
vol**u**eris
vol**u**erit
vol**u**erimus
vol**u**eritis
vol**u**erint

Konjunktiv Perfekt
vol**u**erim
vol**u**eris
vol**u**erit
vol**u**erimus
vol**u**eritis
vol**u**erint

Konjunktiv Plusquamperfekt
vol**u**issem
vol**u**isses
vol**u**isset
vol**u**issemus
vol**u**issetis
vol**u**issent

Nominalformen

Infinitiv Perfekt
vol**u**isse

Partizip Präsens
volens
volentis

Anwendungsbeispiele

Si **vis** amari, ama! *Wenn **du** geliebt werden **willst**, dann liebe!*

Non semper **voletis**, quae nunc **vultis**. ***Ihr werdet** nicht immer **wollen**, was **ihr** jetzt **wollt**.*

Id ago, ne senex eadem **velim**, quae puer **volui**. *Ich strebe danach, dass **ich** als alter Mann nicht dasselbe **will**, was **ich** als Kind **wollte**.*

Velle non discitur. ***Wollen** lässt sich nicht lernen.*

In magnis et **voluisse** satis est. *In bedeutenden Dingen genügt es schon, **den (guten) Willen gehabt zu haben**.*

Volenti non fit iniuria. ***Dem Einwilligenden** geschieht kein Unrecht.*

Witz

Cleanthes philosophus cuidam ambulanti occurrens scire **voluit**, quid ageret. Respondit ille: „Mecum loqui **volo**, nisi tu me turbaveris." Tum philosophus: „Tu, si tecum loqui **vis**, tamen vide, an non loqui **velis** cum homine improbo!"

*Als der Philosoph Kleanthes einen bestimmten Spaziergänger traf, **wollte er** von ihm wissen, was er denn mache. Jener anwortete: „**Ich will** mit mir reden, wenn du mich nicht störst." Darauf der Philosoph: „Wenn **du** mit dir selbst reden **willst**, dann prüfe einmal, ob **du** nicht mit einem Schurken sprechen **willst**!"*

Ähnliche Verben

appetere *erstreben*

cupere *wünschen, begehren*

flagitare *dringend verlangen*

optare *wünschen*

Aufgepasst!

Oft erscheint bei velle der Infinitiv bzw. der AcI. Zum Ausdruck eines dringenden Wunsches kann der Konjunktiv ohne ut stehen: Volo venias. *Bitte komm doch!*

Tipps & Tricks

Velim mit Konjunktiv Präsens/Perfekt drückt einen erfüllbaren und vellem mit Konjunktiv Imperfekt/Plusquamperfekt einen unerfüllbaren Wunsch aus: Velim maneas. *Bitte bleib!* Vellem mansisses. *Wärest du doch geblieben!*

Anmerkungen:

65 venire *kommen*

Dehnungsperfekt

Präsensstamm

Indikativ Präsens
venio
venis
venit
venimus
venitis
veniunt

Indikativ Imperfekt
veniebam
veniebas
veniebat
veniebamus
veniebatis
veniebant

Futur I
veniam
venies
veniet
veniemus
venietis
venient

Konjunktiv Präsens
veniam
venias
veniat
veniamus
veniatis
veniant

Konjunktiv Imperfekt
venirem
venires
veniret
veniremus
veniretis
venirent

Perfektstamm

Indikativ Perfekt
vēni
vēnisti
vēnit
vēnimus
vēnistis
vēnērunt

Indikativ Plusquamperfekt
vēneram
vēneras
vēnerat
vēneramus
vēneratis
vēnerant

Futur II
vēnero
vēneris
vēnerit
vēnerimus
vēneritis
vēnerint

Konjunktiv Perfekt
vēnerim
vēneris
vēnerit
vēnerimus
vēneritis
vēnerint

Konjunktiv Plusquamperfekt
vēnissem
vēnisses
vēnisset
vēnissemus
vēnissetis
vēnissent

Nominalformen

Infinitiv Perfekt
vēnisse

Infinitiv Futur
venturum, -am, -um esse

Partizip Präsens
veniens
venientis

Partizip Futur
venturus, -a, -um

Partizip Perfekt Passiv
ventum

Gerund
veniendi
(ad) veniendum
veniendo

Gerundiv
veniendum

Supin
ventum
ventu

Imperativ

Imperativ I	Imperativ II
veni	venito
venite	venito
	venitote
	veniunto

Anwendungsbeispiele

Seris **venit** usus ab annis. *Mit den späteren Jahren* ***kommt*** *die Erfahrung.*
Veni, si videre vis! ***Komm****, wenn du es sehen willst!*
Veni, quia me vocavisti. ***Ich bin gekommen****, weil du mich gerufen hast.*
Licet eo reverti, unde **venisti.** *Du kannst dahin zurückkehren, woher* ***du gekommen bist****.*
Quidquid **venerit obvium**, loquar. *Alles, was mir* ***einfällt****, will ich sagen.*
Venturae senectae iam nunc memores estote! *Denkt schon jetzt an das* ***kommende*** *Alter!*
Quomodo **venitur** ad beatam vitam? *Wie* ***kommt man*** *zu einem glücklichen Leben?*

Redewendungen

in consuetudinem venire *zur Gewohnheit werden*
in odium venire *verhasst werden*
in spem venire *sich Hoffnung machen*

Ähnliche Verben

advenire *ankommen*
convenire *zusammenkommen*
evenire *sich ereignen*
intervenire *unterbrechen*
invenire *erfinden*
pervenire *ans Ziel kommen*
subvenire *zu Hilfe kommen*

Aufgepasst!

Das Passiv – nach dem Muster des Verbs finiri – ist unpersönlich auf die 3. Person Singular beschränkt: venitur *man kommt*. Die Formen veni, venit und venimus können nach dem Schriftbild sowohl dem Präsens wie dem Perfekt zugewiesen werden.

Tipps & Tricks

Verwechseln Sie nicht vĕnire *kommen* mit dem Kompositum von ire *gehen*: vēnire *verkauft werden*!

Anmerkungen:

66 **versari** *sich aufhalten, verweilen*

Deponens

Präsensstamm

Indikativ Präsens
versor
versaris
versatur
versamur
versamini
versantur

Indikativ Imperfekt
versabar
versabaris
versabatur
versabamur
versabamini
versabantur

Futur I
versabor
versaberis
versabitur
versabimur
versabimini
versabuntur

Konjunktiv Präsens
verser
verseris
versetur
versemur
versemini
versentur

Konjunktiv Imperfekt
versarer
versareris
versaretur
versaremur
versaremini
versarentur

Perfektstamm

Indikativ Perfekt
versatus, -a, -um sum
versatus, -a, -um es
versatus, -a, -um est
versati, -ae, -a sumus
versati, -ae, -a estis
versati, -ae, -a sunt

Indikativ Plusquamperfekt
versatus, -a, -um eram
versatus, -a, -um eras
versatus, -a, -um erat
versati, -ae, -a eramus
versati, -ae, -a eratis
versati, -ae, -a erant

Futur II
versatus, -a, -um ero
versatus, -a, -um eris
versatus, -a, -um erit
versati, -ae, -a erimus
versati, -ae, -a eritis
versati, -ae, -a erunt

Konjunktiv Perfekt
versatus, -a, -um sim
versatus, -a, -um sis
versatus, -a, -um sit
versati, -ae, -a simus
versati, -ae, -a sitis
versati, -ae, -a sint

Konjunktiv Plusquamperfekt
versatus, -a, -um essem
versatus, -a, -um esses
versatus, -a, -um esset
versati, -ae, -a essemus
versati, -ae, -a essetis
versati, -ae, -a essent

Nominalformen

Infinitiv Perfekt
versatum, -am, -um esse

Infinitiv Futur
versaturum, -am, -um esse

Partizip Präsens
versans
versantis

Partizip Futur
versaturus, -a, -um

Partizip Perfekt
versatus, -a, -um

Gerund
versandi
(ad) versandum
versando

Gerundiv
versandum

Imperativ

Imperativ I
versa**re**
versa**mini**

Anwendungsbeispiele

Cogitatio in vero exquirendo maxime **versatur**. *Das Denken* ***befasst sich*** *hauptsächlich mit dem Aufspüren der Wahrheit.*

In hominum vita multa et varia acerba **versabuntur**. *Im Leben der Menschen* ***wird*** *vielerlei Bitteres* ***zu finden sein****.*

Intellego, quam scopuloso in loco **verser**. *Ich erkenne, auf welch steinigem Boden* ***ich mich bewege****.*

In difficilibus causis **versati sumus**. ***Wir waren*** *mit schwierigen Fällen* ***befasst****.*

Cicero nonnullos menses in Graecia **versatus** Romam rediit et quae in foro **versarentur** observavit. ***Nach*** *mehrmonatigem* ***Aufenthalt*** *in Griechenland kehrte Cicero nach Rom zurück und beobachtete, was auf dem Forum* ***vorging****.*

Redewendungen

ante oculos versari *vor Augen schweben*
cum aliquo versari *sich bei jdm. aufhalten*
in litteris versari *sich mit Literatur beschäftigen*
in periculo versari *in Gefahr sein*
in re publica versari *politisch tätig sein*

Ähnliche Verben

esse *sein, sich befinden*
manēre *bleiben*
morari *verweilen, sich aufhalten*
vivere *leben*

Gebrauch

Das Deponens versari bezeichnet das Verweilen an einem Ort oder bei einer Sache und ist deshalb in der Regel mit einem präpositionalen Ausdruck verbunden. Es ist immer intransitiv und hat kein Objekt.

Anmerkungen:

67 vetare *verbieten*

u-Perfekt

Präsensstamm

Indikativ Präsens
veto
vetas
vetat
vetamus
vetatis
vetant

Indikativ Imperfekt
vetabam
vetabas
vetabat
vetabamus
vetabatis
vetabant

Futur I
vetabo
vetabis
vetabit
vetabimus
vetabitis
vetabunt

Konjunktiv Präsens
vetem
vetes
vetet
vetemus
vetetis
vetent

Konjunktiv Imperfekt
vetarem
vetares
vetaret
vetaremus
vetaretis
vetarent

Perfektstamm

Indikativ Perfekt
vetui
vetuisti
vetuit
vetuimus
vetuistis
vetuerunt

Indikativ Plusquamperfekt
vetueram
vetueras
vetuerat
vetueramus
vetueratis
vetuerant

Futur II
vetuero
vetueris
vetuerit
vetuerimus
vetueritis
vetuerint

Konjunktiv Perfekt
vetuerim
vetueris
vetuerit
vetuerimus
vetueritis
vetuerint

Konjunktiv Plusquamperfekt
vetuissem
vetuisses
vetuisset
vetuissemus
vetuissetis
vetuissent

Nominalformen

Infinitiv Perfekt
vetuisse

Infinitiv Futur
vetiturum, -am, -um esse

Partizip Präsens
vetans
vetantis

Partizip Futur
vetiturus, -a, -um

Partizip Perfekt Passiv
vetitus, -a, -um

Gerund
vetandi
(ad) vetandum
vetando

Gerundiv
vetandus, -a, -um

Supin
vetitum
vetitu

Imperativ

Imperativ I	Imperativ II
veta	vetato
vetate	vetato
	vetatote
	vetanto

Anwendungsbeispiele

Neque te iubeo neque **veto**. *Weder befehle ich (es) dir noch* ***verbiete ich*** *(es).*

Quamquam ridentem dicere verum quid **vetat**? *Gleichwohl, lachend die Wahrheit zu sagen, was* ***steht dem im Wege****?*

Pontius legatos redire ad se **vetuit**. *Pontius* ***verbot*** *den Gesandten zu ihm zurückzukehren.*

Alea legibus **vetita est**. *Würfelspiel* ***ist*** *per Gesetz* ***verboten****.*

Tibicines cum **vetiti essent** in aede Iovis vesci, Tibur irati se contulerunt. *Weil es den Flötenspielern* ***verboten worden war****, im Jupitertempel zu essen, zogen sie zornig nach Tibur.*

Sprichwörter

Quod non **vetat** lex, hoc **vetat** fieri pudor. *Was das Gesetz nicht* ***verbietet****, das* ***verbietet*** *der Anstand.*

Ähnliche Verben

concedere *zugestehen, erlauben*
imperare *befehlen*
iubere mit Akkusativ *befehlen*
licet *es ist erlaubt*
permittere *erlauben*
praecipere *vorschreiben, verordnen*

Aufgepasst!

Das Verb vetare ist im Lateinischen transitiv, d. h. es hat anders als im Deutschen ein Akkusativobjekt bei sich und kann daher auch das Passiv bilden.

Nihil, quod lege **vetor** committere, feci. *Ich habe nichts getan, was (zu begehen)* ***mir*** *vom Gesetz* ***verboten wird****.*

Das Passiv wird nach dem Muster von superari gebildet.

Tipps & Tricks

Die Verben der a-Konjugation bilden normalerweise v-Perfekt.
U-Perfekt bilden auch die Verben domare *zähmen*, increpare *schelten* und sonare *klingen*.

Anmerkungen:

68 videre *sehen*

Dehnungsperfekt

Präsensstamm

Indikativ Präsens
video
vides
videt
videmus
videtis
vident

Indikativ Imperfekt
videbam
videbas
videbat
videbamus
videbatis
videbant

Futur I
videbo
videbis
videbit
videbimus
videbitis
videbunt

Konjunktiv Präsens
videam
videas
videat
videamus
videatis
videant

Konjunktiv Imperfekt
viderem
videres
videret
videremus
videretis
viderent

Perfektstamm

Indikativ Perfekt
vīdi
vīdisti
vīdit
vīdimus
vīdistis
vīderunt

Indikativ Plusquamperfekt
vīderam
vīderas
vīderat
vīderamus
vīderatis
vīderant

Futur II
vīdero
vīderis
vīderit
vīderimus
vīderitis
vīderint

Konjunktiv Perfekt
vīderim
vīderis
vīderit
vīderimus
vīderitis
vīderint

Konjunktiv Plusquamperfekt
vīdissem
vīdisses
vīdisset
vīdissemus
vīdissetis
vīdissent

Nominalformen

Infinitiv Perfekt
vīdisse

Infinitiv Futur
vīsurum, -am, -um esse

Partizip Präsens
videns
videntis

Partizip Futur
vīsurus, -a, -um

Partizip Perfekt Passiv
vīsus, -a, -um

Gerund
videndi
(ad) videndum
videndo

Supin
vīsum
vīsu

Imperativ

Imperativ I
vide
videte

Imperativ II
videto
videto
videtote
vidento

Anwendungsbeispiele

Aliena vitia melius **videmus** quam nostra. *Fremde Fehler* ***sehen wir*** *besser als unsere.*

Dic, hospes, Spartae nos te hic **vidisse** iacentes. *Sage, Fremder, in Sparta, dass du uns hier liegen* ***sahst***.

Fide, sed cui fidas, **vide**! *Vertraue, aber* ***pass auf***, *wem du vertraust!*

Videant consules, ne quid detrimenti capiat res publica. *Die Konsuln* ***mögen dafür sorgen***, *dass der Staat keinen Schaden nimmt.*

Non **video** quomodo tam diversa coniungantur. ***Ich begreife*** *nicht, wie man so verschiedene Dinge vereinen kann.*

Multos graves viros in hac civitate **vidi**. ***Ich habe*** *in diesem Staat viele bedeutende Männer* ***erlebt***.

Redewendungen

acriter videre *scharf sehen*

animo videre *begreifen*

plus videre in re publica *einen tieferen Einblick in die Politik haben*

somnia videre *träumen*

Ähnliche Verben

animadvertere *wahrnehmen*

cernere *(genau) wahrnehmen, erkennen*

contemplari *betrachten*

intueri *den Blick richten auf*

observare *beobachten*

spectare *zuschauen*

Gebrauch

Bitte beachten Sie, dass das Objekt zu videre im Akkusativ steht; überprüfen Sie stets, ob durch videre ein AcI veranlasst ist. Videre, ut/ne hat die Bedeutung *darauf sehen/achten, dass/dass nicht*.

Tipps & Tricks

Die Komposita invidēre *beneiden* und providēre in der Bedeutung *sorgen für* regieren den Dativ. Jedoch: providēre res futuras *die Zukunft vorhersehen*.

Anmerkungen:

69 videri *gesehen werden, (er)scheinen*

Passiv/Deponens

Präsensstamm

Indikativ Präsens
videor
videris
videtur
videmur
videmini
videntur

Indikativ Imperfekt
videbar
videbaris
videbatur
videbamur
videbamini
videbantur

Futur I
videbor
videberis
videbitur
videbimur
videbimini
videbuntur

Konjunktiv Präsens
videar
videaris
videatur
videamur
videamini
videantur

Konjunktiv Imperfekt
viderer
videreris
videretur
videremur
videremini
viderentur

Perfektstamm

Indikativ Perfekt
visus, -a, -um sum
visus, -a, -um es
visus, -a, -um est
visi, -ae, -a sumus
visi, -ae, -a estis
visi, -ae, -a sunt

Indikativ Plusquamperfekt
visus, -a, -um eram
visus, -a, -um eras
visus, -a, -um erat
visi, -ae, -a eramus
visi, -ae, -a eratis
visi, -ae, -a erant

Futur II
visus, -a, -um ero
visus, -a, -um eris
visus, -a, -um erit
visi, -ae, -a erimus
visi, -ae, -a eritis
visi, -ae, -a erunt

Konjunktiv Perfekt
visus, -a, -um sim
visus, -a, -um sis
visus, -a, -um sit
visi, -ae, -a simus
visi, -ae, -a sitis
visi, -ae, -a sint

Konjunktiv Plusquamperfekt
visus, -a, -um essem
visus, -a, -um esses
visus, -a, -um esset
visi, -ae, -a essemus
visi, -ae, -a essetis
visi, -ae, -a essent

Nominalformen

Infinitiv Perfekt
visum, -am, -um esse

Partizip Perfekt
visus, -a, -um

Gerundiv
videndus, -a, -um
visendus, -a, -um

Anwendungsbeispiele

Pictura sub luce **videri** vult. *Das Gemälde will bei hellem Licht **gesehen werden**.*

Cato esse quam **videri** bonus malebat. *Cato wollte lieber gut sein als gut **scheinen**.*

Urbanus **tibi videris**; non es, crede mihi! *Für gebildet **hältst du dich**; aber glaub mir, du bist es nicht.*

Mirabile **videtur**, quod non rideat haruspex, cum haruspicem viderit. ***Es erscheint** verwunderlich, dass ein Opferschauer nicht lachen muss, wenn er einen anderen sieht.*

In alium orbem delatus **sibi videbatur**. ***Er kam sich vor** wie in eine andere Welt versetzt.*

Videmini verba mea non satis intellexisse. ***Anscheinend** habt ihr meine Worte nicht ganz begriffen.*

Senatui **visum est** legatos in provinciam mittere. *Der Senat **beschloss**, Gesandte in die Provinz zu schicken.*

Hostes non **videntur** victuri esse. ***Wahrscheinlich** werden die Feinde nicht siegen.*

Sprichwörter

Esto, quod esse **videris**. *Sei, was **du** zu sein **scheinst**!*

Faciamus, ut aliquid fecisse **videamur**. *Tun wir etwas, damit **es so aussieht, als** hätten **wir** etwas getan.*

Ähnliche Verben

apparēre *sich zeigen, offenbar sein*

patēre *klar sein, bekannt sein*

Aufgepasst!

Das Deponens videri wird in der Regel persönlich konstruiert: videris *es scheint, dass du ...*; videtur *es scheint, dass er ...* usw.

Anmerkungen:

70 vincere *siegen, besiegen*

Dehnungsperfekt

Präsensstamm

Indikativ Präsens
vinco
vincis
vincit
vincimus
vincitis
vincunt

Indikativ Imperfekt
vincebam
vincebas
vincebat
vincebamus
vincebatis
vincebant

Futur I
vincam
vinces
vincet
vincemus
vincetis
vincent

Konjunktiv Präsens
vincam
vincas
vincat
vincamus
vincatis
vincant

Konjunktiv Imperfekt
vincerem
vinceres
vinceret
vinceremus
vinceretis
vincerent

Perfektstamm

Indikativ Perfekt
vīci
vīcisti
vīcit
vīcimus
vīcistis
vīcerunt

Indikativ Plusquamperfekt
vīceram
vīceras
vīcerat
vīceramus
vīceratis
vīcerant

Futur II
vīcero
vīceris
vīcerit
vīcerimus
vīceritis
vīcerint

Konjunktiv Perfekt
vīcerim
vīceris
vīcerit
vīcerimus
vīceritis
vīcerint

Konjunktiv Plusquamperfekt
vīcissem
vīcisses
vīcisset
vīcissemus
vīcissetis
vīcissent

Nominalformen

Infinitiv Perfekt
vīcisse

Infinitiv Futur
victurum, -am, -um esse

Partizip Präsens
vincens
vincentis

Partizip Futur
victurus, -a, -um

Partizip Perfekt Passiv
victus, -a, -um

Gerund
vincendi
(ad) vincendum
vincendo

Gerundiv
vincendus, -a, -um

Supin
victum
victu

Imperativ

Imperativ I	Imperativ II
vince	vincito
vincite	vincito
	vincitote
	vincunto

Anwendungsbeispiele

Omnia **vincit** amor. *Über alles **siegt** die Liebe.*
Inter dispares sententias mitior **vincat**! *Bei unterschiedlichen Meinungen **möge** die mildere **siegen**!*
In hoc signo **vinces**. *In diesem Zeichen **wirst du siegen**.*
Vincere scis, Hannibal, victoriā uti nescis. ***Zu siegen** verstehst du, Hannibal, den Sieg zu nutzen verstehst du nicht.*
Veni, vidi, **vici**. ***Ich** kam, sah und **siegte**.*
Caesar ea manu, qua **vicerat**, **victos** protexit. *Caesar schützte **die Besiegten** mit der gleichen Hand, mit **er** sie **besiegt hatte**.*
Lacedaemonii aut **vincendum** sibi aut moriendum **esse** censuerant. *Die Spartaner hatten beschlossen, dass sie entweder **siegen** oder sterben **müssen**.*

Sprichwörter

Leges a victoribus dicuntur, accipiuntur a **victis**. *Gesetze werden von den Siegern diktiert, von den **Besiegten** akzeptiert.*
Medicinā fata **vinci** non possunt. *Mit Medizin kann das Schicksal nicht **überwunden werden**.*
Bis **vicit**, qui se **vicit** in victoria. *Zweimal **hat gesiegt**, wer sich im Sieg selbst **besiegt hat**.*

Andere Verben

cadere *fallen*
cedere *nicht gewachsen sein, nachgeben*
occidere *untergehen*
perire *umkommen, vernichtet werden*
succumbere *unterliegen*

Aufgepasst!

Das Passiv wird nach dem Muster des Verbs peti gebildet.

Tipps & Tricks

Leicht zu verwechseln ist vincere im Präsensstamm mit vincire *fesseln*: z. B. vinci *besiegt werden* und *fessele*! Unterscheiden Sie auch vici *ich habe gesiegt* und vixi *ich habe gelebt* etc.

Anmerkungen:

Stammformen der unregelmäßigen Verben

Die folgende Aufstellung enthält in alphabetischer Reihenfolge die Stammformen wichtiger Verben, die nicht in die Konjugationstabellen aufgenommen sind. Folgende Formen sind angegeben: Infinitiv Präsens Aktiv, 1. Person Singular Indikativ Präsens Aktiv, 1. Person Singular Indikativ Perfekt Aktiv, Partizip Perfekt Passiv im Neutrum bzw. Partizip Futur Aktiv im Maskulinum und die deutsche Übersetzung des Verbs.

Infinitiv	Stammformen	Deutsch
abesse	absum, afui, afuturus	*abwesend sein, entfernt sein*
abire	abeo, abii	*weggehen*
accedere	accedo, accessi, accessurus	*herantreten, hinzukommen*
accendere	accendo, accendi, accensum	*anzünden, in Brand setzen*
accidere	accido, accidi	*sich ereignen*
accipere	accipio, accepi, acceptum	*annehmen, empfangen, erfahren*
addere	addo, addidi, additum	*hinzufügen*
adducere	adduco, adduxi, adductum	*hinführen, veranlassen*
adesse	adsum, affui, affuturus	*da sein, helfen*
adicere	adicio, adieci, adiectum	*hinzufügen*
adire	adeo, adii, aditum	*aufsuchen, sich wenden an*
aggredi	aggredior, aggressus sum	*aufsuchen, angreifen*
alere	alo, alui, altum/alitum	*ernähren, fördern*
amittere	amitto, amisi, amissum	*loslassen, verlieren*
animadvertere	animadverto, animadverti, animadversum	*wahrnehmen, beachten*
ardere	ardeo, arsi, arsurus	*brennen, glühen*
assequi	assequor, assecutus sum	*einholen, erreichen*
attingere	attingo, attigi, attactum	*berühren*
audere	audeo, ausus sum	*wagen*
auferre	aufero, abstuli, ablatum	*wegbringen*
augere	augeo, auxi, auctum	*vermehren, fördern*
caedere	caedo, cecīdi, caesum	*fällen, niederschlagen*
capere	capio, cepi, captum	*ergreifen, fassen, erobern*
cavere mit Akk.	caveo, cavi, cautum	*sich hüten, sich in Acht nehmen vor*
cedere	cedo, cessi, cessurus	*gehen, weichen*
censere	censeo, censui, censum	*schätzen, meinen, beantragen*
claudere	claudo, clausi, clausum	*schließen, versperren*
cogere	cogo, coegi, coactum	*zusammentreiben, zwingen*
cognoscere	cognosco, cognovi, cognitum	*erkennen, erfahren*

Infinitiv	Stammformen	Deutsch
colere	colo, colui, cultum	*bebauen, pflegen, verehren*
colligere	colligo, collegi, collectum	*zusammensuchen, sammeln*
committere	committo, commisi, commissum	*zustande bringen, begehen, anvertrauen*
commovere	commoveo, commovi, commotum	*bewegen, erregen, veranlassen*
comperire	comperio, comperi, compertum	*erfahren*
componere	compono, composui, compositum	*zusammenstellen, ordnen, (Streit) schlichten*
comprehendere	comprehendo, comprehendi, comprehensum	*ergreifen, begreifen*
concedere	concedo, concessi, concessum	*weichen, erlauben, nachgeben*
concidere	concido, concidi	*einstürzen*
concipere	concipio, concepi, conceptum	*empfangen, erfassen*
condere	condo, condidi, conditum	*gründen*
conferre	confero, contuli, collatum	*zusammenbringen, vergleichen*
conficere	conficio, confeci, confectum	*erledigen, vollenden*
confiteri	confiteor, confessus sum	*gestehen, bekennen*
conicere	conicio, conieci, coniectum	*werfen, schleudern, vermuten*
conscribere	conscribo, conscripsi, conscriptum	*aufschreiben, verfassen, (Truppen) ausheben*
consentire	consentio, consensi, consensum	*übereinstimmen*
consequi	consequor, consecutus sum	*folgen, erreichen*
considere	consido, consedi, consessum	*sich niederlassen, sich setzen*
constare	consto, constiti, constaturus	*bestehen (aus), kosten*
consuescere	consuesco, consuevi, consuetum	*sich gewöhnen an*
consumere	consumo, consumpsi, consumptum	*verbrauchen*
contemnere	contemno, contempsi, contemptum	*verachten, nicht beachten*
contendere	contendo, contendi, contentum	*kämpfen (mit), eilen, behaupten*
contingere	contingo, contigi, contactum	*berühren, gelingen, glücken*
convenire	convenio, conveni, conventum	*zusammenkommen*
currere	curro, cucurri, (cursum)	*laufen, rennen*
decedere	decedo, decessi, decessurus	*weggehen, sterben*
decernere	decerno, decrevi, decretum	*entscheiden, beschließen*
deesse	desum, defui, defuturus	*fehlen*
deficere	deficio, defeci, defectum	*ausgehen, abfallen*
defungi	defungor, defunctus sum	*erledigen, sterben*
deicere	deicio, deieci, deiectum	*niederwerfen, umwerfen*
delere	deleo, delevi, deletum	*zerstören*
deligere	deligo, delegi, delectum	*auswählen*
deponere	depono, deposui, depositum	*abstellen, absetzen, ablegen*
desinere	desino, desii, desitum	*ablassen von, aufhören mit*
dicere	dico, dixi, dictum	*sagen, sprechen, nennen*

Infinitiv	Stammformen	Deutsch
diligere	diligo, dilexi, dilectum	*schätzen, lieben*
dimittere	dimitto, dimisi, dimissum	*wegschicken, entlassen*
discedere	discedo, discessi, discessurus	*weggehen*
discere	disco, didici	*lernen*
dissentire	dissentio, dissensi, dissensum	*anderer Meinung sein*
disserere	dissero, disserui, dissertum	*sprechen über, erörtern*
dividere	divido, divisi, divisum	*teilen, trennen*
docere	doceo, docui, doctum	*lehren, unterrichten*
edere	edo, edidi, editum	*herausgeben, äußern*
educere	educo, eduxi, eductum	*hinausführen*
efferre	effero, extuli, elatum	*hinaustragen, bestatten*
efficere	efficio, effeci, effectum	*bewirken, durchsetzen*
effugere mit Akk.	effugio, effugi	*entfliehen, entkommen*
eligere	eligo, elegi, electum	*auswählen*
evadere	evado, evasi, evasurus	*herauskommen, entkommen*
evenire	evenio, eveni, eventum	*sich ereignen*
exigere	exigo, exegi, exactum	*(ein)fordern, vollenden*
exire	exeo, exii, exitum	*herausgehen, verlassen*
expellere	expello, expuli, expulsum	*ausstoßen, vertreiben*
explere	expleo, explevi, expletum	*ausfüllen*
exsistere	exsisto, exstiti	*hervortreten*
exstinguere	exstinguo, exstinxi, exstinctum	*auslöschen*
fallere	fallo, fefelli, (deceptum)	*täuschen, unbemerkt bleiben*
fateri	fateor, fassus sum	*gestehen, bekennen*
favere mit Dat.	faveo, favi, fautum	*begünstigen*
fingere	fingo, finxi, fictum	*gestalten, erdichten*
flectere	flecto, flexi, flexum	*biegen, beugen, umstimmen*
frui mit Abl.	fruor, fructus/fruitus sum	*genießen*
fugere mit Akk.	fugio, fugi, fugiturus	*meiden, fliehen (vor)*
fungi mit Abl.	fungor, functus sum	*verrichten, verwalten*
gaudere	gaudeo, gavisus sum	*sich freuen*
gerere	gero, gessi, gestum	*tragen, (aus)führen*
gignere	gigno, genui, genitum	*erzeugen, hervorbringen, gebären*
haurire	haurio, hausi, haustum	*(aus)schöpfen, (aus)trinken*
iacere	iacio, ieci, iactum	*werfen, schleudern*
impellere	impello, impuli, impulsum	*antreiben, veranlassen*
implere	impleo, implevi, impletum	*(ein)füllen*

Infinitiv	Stammformen	Deutsch
imponere	impono, imposui, impositum	*setzen/stellen auf, auferlegen*
incedere	incedo, incessi, incessurus	*schreiten*
incendere	incendo, incendi, incensum	*anzünden, in Brand setzen*
incidere	incido, incidi	*vorfallen, hineingeraten*
incipere	incipio, coepi/incepi, inceptum	*beginnen, anfangen*
incolere	incolo, incolui, incultum	*siedeln, bewohnen*
inferre	infero, intuli, illatum	*hineintragen*
inicere	inicio, inieci, iniectum	*einjagen, einflößen*
inire	ineo, inii, initum	*hineingehen, beginnen*
instituere	instituo, institui, institutum	*einrichten, unterrichten*
instruere	instruo, instruxi, instructum	*aufstellen, einrichten, unterrichten*
intellegere	intellego, intellexi, intellectum	*erkennen, einsehen, verstehen*
interesse	intersum, interfui, interfuturus	*teilnehmen*
interficere	interficio, interfeci, interfectum	*töten*
interire	intereo, interii, interiturus	*untergehen, umkommen*
invadere	invado, invasi, invasurus	*eindringen, angreifen*
invenire	invenio, inveni, inventum	*finden, erfinden*
invidere mit Dat.	invideo, invidi, invisum	*beneiden*
iungere	iungo, iunxi, iunctum	*verbinden, vereinigen*
iuvare mit Akk.	iuvo, iuvi	*unterstützen, erfreuen*
laedere	laedo, laesi, laesum	*stoßen, verletzen*
loqui	loquor, locutus sum	*sprechen, reden*
lucere	luceo, luxi	*leuchten*
ludere	ludo, lusi, lusum	*spielen, scherzen*
metuere	metuo, metui	*fürchten*
miscere	misceo, miscui, mixtum	*mischen*
mori	morior, mortuus sum	*sterben*
nasci	nascor, natus sum	*geboren werden, entstehen*
neglegere	neglego, neglexi, neglectum	*vernachlässigen, missachten*
niti mit Abl.	nitor, nisus/nixus sum	*sich anstrengen, sich stützen auf*
oblivisci mit Gen.	obliviscor, oblitus sum	*vergessen*
obsidere	obsideo, obsedi, obsessum	*besetzt halten, innehaben*
obtinere	obtineo, obtinui, obtentum	*festhalten, beibehalten*
occidere	occido, occidi, occasurus	*untergehen*
occīdere	occīdo, occīdi, occīsum	*erschlagen, töten*
offendere	offendo, offendi, offensum	*angreifen, verletzen*
operire	operio, operui, opertum	*verschließen, bedecken*

Infinitiv	Stammformen	Deutsch
opprimere	opprimo, oppressi, oppressum	*unterdrücken, überfallen*
oriri	orior, ortus sum	*entstehen, aufgehen*
parcere mit Dat.	parco, peperci, parsurus	*sparen, (ver)schonen*
pendere	pendo, pependi, pensum	*abwiegen, bezahlen*
perdere	perdo, perdidi, perditum	*zugrunde richten, verderben*
perferre	perfero, pertuli, perlatum	*überbringen, ertragen*
perficere	perficio, perfeci, perfectum	*durchsetzen, vollenden*
pergere	pergo, perrexi, perrectum	*fortfahren (etw. zu tun)*
perire	pereo, perii	*zugrunde gehen*
permittere	permitto, permisi, permissum	*überlassen, erlauben*
perspicere	perspicio, perspexi, perspectum	*durchschauen, erkennen*
poscere	posco, poposci, (postulatum)	*fordern, verlangen*
praecipere	praecipio, praecepi, praeceptum	*vorschreiben, anordnen*
praeesse	praesum, praefui, praefuturus	*leiten, kommandieren*
praeficere	praeficio, praefeci, praefectum	*an die Spitze stellen*
praestare mit Dat./Akk.	praesto, praestiti, (praestitum), praestaturus	*übertreffen; leisten, erweisen*
praeterire	praetereo, praeterii, praeteritum	*vorbeigehen, übergehen*
premere	premo, pressi, pressum	*drücken, bedrängen*
procedere	procedo, processi, processurus	*vorrücken*
prodere	prodo, prodidi, proditum	*verraten, überliefern*
prodesse	prosum, profui, profuturus	*nützen*
proficere	proficio, profeci, profectus	*Fortschritte machen, nützen*
proficisci	proficiscor, profectus sum	*aufbrechen, (ab)marschieren*
profiteri	profiteor, professus sum	*gestehen, bekennen*
proicere	proicio, proieci, proiectum	*hinwerfen*
promittere	promitto, promisi, promissum	*versprechen*
proponere	propono, proposui, propositum	*sich vornehmen, sich als Ziel setzen*
providere mit Dat./Akk.	provideo, providi, provisum	*sorgen für, vorhersehen*
quaerere mit Akk./ ex mit Abl.	quaero, quaesivi, quaesitum	*suchen, fragen*
queri	queror, questus sum	*klagen, sich beklagen*
recedere	recedo, recessi, recessurus	*zurückweichen*
reddere	reddo, reddidi, redditum	*zurückgeben, machen zu*
redigere	redigo, redegi, redactum	*machen zu*
redimere	redimo, redemi, redemptum	*loskaufen, kaufen*
redire	redeo, redii, reditum	*zurückkehren*
referre	refero, rettuli, relatum	*zurückbringen, melden*

Infinitiv	Stammformen	Deutsch
reficere	reficio, refeci, refectum	*wiederherstellen*
relinquere	relinquo, reliqui, relictum	*zurücklassen, verlassen*
remittere	remitto, remisi, remissum	*zurückschicken, nachlassen*
repetere	repeto, repetivi, repetitum	*zurückfordern, wiederholen*
reprehendere	reprehendo, reprehendi, reprehensum	*tadeln, kritisieren*
reri	reor, ratus sum	*rechnen, meinen*
resistere	resisto, restiti	*Widerstand leisten*
respondere	respondeo, respondi, responsum	*antworten*
ridere	rideo, risi, risum	*(aus)lachen, verspotten*
sedere	sedeo, sedi, sessum	*sitzen*
sinere	sino, sivi, situm	*(zu)lassen*
sistere	sisto, stiti/steti, statum	*(sich) hinstellen*
solvere	solvo, solvi, solutum	*lösen, zahlen*
statuere	statuo, statui, statutum	*aufstellen, festsetzen, beschließen*
suadere	suadeo, suasi, suasum	*raten, empfehlen*
subicere	subicio, subieci, subiectum	*unterwerfen*
subigere	subigo, subegi, subactum	*unterwerfen, bezwingen*
subire	subeo, subii, subitum	*herangehen, auf sich nehmen*
subvenire	subvenio, subveni, subventum	*zu Hilfe kommen*
surgere	surgo, surrexi, surrectum	*aufstehen, sich erheben*
suscipere	suscipio, suscepi, susceptum	*unternehmen, auf sich nehmen*
tegere	tego, texi, tectum	*(be)decken, schützen*
tenere	teneo, tenui, tentum	*(fest)halten*
tradere	trado, tradidi, traditum	*übergeben, überliefern*
trahere	traho, traxi, tractum	*ziehen, schleppen*
traicere	traicio, traieci, traiectum	*hinüberbringen*
transire	transeo, transii, transitum	*hinübergehen, überschreiten*
tribuere	tribuo, tribui, tributum	*zuteilen, zuweisen*
vehere	veho, vexi, vectum	*(etw.) fahren, lenken*
vehi	vehor, vectus sum	*fahren, reiten*
vendere	vendo, vendidi, venditum	*verkaufen*
vertere	verto, verti, versum	*drehen, wenden*
vincire	vincio, vinxi, vinctum	*fesseln, binden*
vivere	vivo, vixi, victurus	*leben*
volvere	volvo, volvi, volutum	*wälzen, rollen*

Verben mit Ergänzung

Viele lateinische Verben nehmen je nach Konstruktion verschiedene Bedeutungen an. Hier finden Sie eine Auswahl der häufigsten Ergänzungen dieser Art.

▸ animadvertere aliquid .... *etw. wahrnehmen, bemerken*	Adventum tuum animadvertimus. *Wir bemerkten deine Ankunft.*
animadvertere in aliquem ...... *gegen jdn. vorgehen*	Germani in proditores crudeliter animadvertebant. *Die Germanen gingen gegen Verräter grausam vor.*
▸ censēre aliquid .... *etw. prüfen, schätzen*	Censores res familiares censebant. *Die Zensoren prüften das Privatvermögen.*
censēre, ut/ne .... *dafür stimmen, dass/ dass nicht*	Cicero censuit, ut dis gratiae agerentur. *Cicero stimmte dafür, dass man den Göttern Dank abstatte.*
censēre mit AcI .... *der Ansicht sein, dass*	Ceterum censeo Karthaginem esse delendam. *Übrigens bin ich der Ansicht, dass Karthago zerstört werden muss.*
committere aliquid .... *etw. zustande bringen*	Catilina nefaria scelera commisit. *Catilina beging ruchlose Verbrechen.*
committere alicui aliquid .... *jdm. etw. anvertrauen*	Homini ignoto pecuniam non committam. *Einem Unbekannten werde ich kein Geld anvertrauen.*
committere alicui, ut .... *jdn. beauftragen, etw. zu tun*	Tibi committo, ut frumentum provideas. *Ich beauftrage dich, Getreide zu besorgen.*
committere, ut/ne .... *es dahin kommen lassen, dass/dass nicht*	Ne committas, ut invidia animos regat. *Lass es nicht dahin kommen, dass der Neid die Menschen beherrscht!*
concedere alicui aliquid .... *jdm. etw. zugestehen*	Plinius servis suis multa commoda concessit. *Plinius gestand seinen Sklaven viele Vorteile zu.*
concedere, ut .... *erlauben, dass*	Concedite mihi, ut de hoc facto taceam. *Erlaubt mir, über diese Tat zu schweigen!*
concedere mit AcI .... *zugeben, dass*	Concedo haec esse vera. *Ich gebe zu, dass dies wahr ist.*

constituere aliquid — *etw. aufstellen, errichten*
Imperator statuas deorum in foro constituit.
Der Kaiser ließ auf dem Forum Götterstatuen aufstellen.

constituere mit AcI — *überzeugt sein, dass*
Sallustius constituit virtutem Romanam occidisse.
Sallust war überzeugt, dass die römische Tugend untergegangen sei.

constituere, ut/ne/mit Inf. — *beschließen, dass/dass nicht/etw. zu tun*
Caesar in Britanniam proficisci constituit.
Caesar beschloss, nach Britannien aufzubrechen.

consulere alicui — *für etw./jdn. sorgen*
Saluti publicae magis consului quam meae.
Auf das allgemeine Wohlergehen war ich mehr bedacht als auf meines.

consulere aliquem — *jdn. um Rat fragen*
Oraculum de fortuna belli consulite!
Befragt das Orakel über das Kriegsglück!

consulere in aliquem — *gegen jdn. vorgehen*
Graecorum tyranni saevissime in cives consuluerunt.
Die Tyrannen der Griechen gingen sehr grausam gegen die Bürger vor.

contendere cum aliquo — *sich mit jdm. messen, mit jdm. kämpfen*
Agnus cum leone ne contendat.
Das Lamm soll sich nicht mit dem Löwen messen!

contendere in mit Akk. — *eilen*
Hostes in castra contenderunt.
Die Feinde eilten ins Lager.

contendere mit Inf. — *sich beeilen, etw. zu tun*
Milites pontem facere contenderunt.
Die Soldaten beeilten sich, eine Brücke zu bauen.

contendere mit AcI — *behaupten, dass*
Deos hominibus consulere philosophus quidam contendit.
Ein gewisser Philosoph behauptete, dass die Götter für die Menschen sorgen.

contendere, ut — *verlangen, dass*
Senatus contendit, ut Caesar copias dimitteret.
Der Senat verlangte, dass Caesar seine Truppen entlasse.

convenire aliquem — *jdn. besuchen*
Amicum libenter conveniam.
Meinen Freund werde ich gerne besuchen.

convenire ad aliquem .... *bei jdm. zusammenkommen*	Ad Maecenatem clari poetae conveniebant. *Bei Mäzenas kamen berühmte Dichter zusammen.*
aliquid convenit .... *etw. kommt zustande*	Inter Scipionem et Hannibalem pax non convēnit. *Zwischen Scipio und Hannibal kam der Friede nicht zustande.*
aliquid convenit alicui/ in aliquem .... *etw. passt zu jdm.*	Modestia convenit ministro. *Bescheidenheit passt zu einem Diener.*
▸ interesse alicui rei .... *an etw. teilnehmen*	Interdum et feminae conviviis intererant. *Bisweilen nahmen auch Frauen an Gastmählern teil.*
interest alicuius .... *es ist für jdn. wichtig*	Omnium interest verum audire. *Es ist für alle wichtig, die Wahrheit zu hören.*
interest inter .... *es besteht ein Unterschied*	Inter cives et peregrinos multum intererat. *Zwischen Bürgern und Fremden war ein großer Unterschied.*
▸ (ad)monēre aliquem .... *jdn. (er)mahnen*	Discipulos et monēre et laudare magistri est. *Die Schüler zu mahnen und zu loben ist Aufgabe des Lehrers.*
(ad)monēre aliquem de .... *jdn. an etw. erinnern*	Saepe vos de officiis vestris monui. *Oft habe ich euch an eure Pflichten erinnert.*
(ad)monēre mit AcI .... *daran erinnern, dass*	Seneca admonet vitam nostram brevem esse. *Seneca erinnert daran, dass unser Leben kurz ist.*
(ad)monēre aliquem, ut .... *jdn. auffordern, etw. zu tun*	Te admonui, ut cavēres. *Ich forderte dich auf, dich in Acht zu nehmen.*
(ad)monēre aliquem, ne .... *jdn. warnen, etw. zu tun*	Sacerdos Troianos monuit, ne equum ligneum in urbem traherent. *Der Priester warnte die Trojaner, das hölzerne Pferd in die Stadt zu ziehen.*
▸ niti aliqua re .... *sich auf etw. stützen*	Virtute civium salus rei publicae nititur. *Auf der Tüchtigkeit seiner Bürger beruht das Wohl des Staates.*

niti, ut/ne/mit Inf. *sich bemühen, dass/ dass nicht/etw. zu tun*	Consul summa ope nititur, ut cives pace frui possint. *Der Konsul bemüht sich mit aller Kraft, dass die Bürger den Frieden genießen können.*
▸ persuadēre alicui, ut *jdn. überreden, etw. zu tun*	Orator iudicibus persuasit, ut reum absolverent. *Der Redner überredete die Richter, den Angeklagten freizusprechen.*
persuadēre alicui mit AcI *jdn. überzeugen, dass*	Orator iudicibus persuasit reum innocentem esse. *Der Redner überzeugte die Richter (davon), dass der Angeklagte unschuldig ist.*
praestare alicui *jdn. übertreffen*	Helvetii omnibus Gallis virtute praestabant. *Die Helvetier übertrafen alle Gallier an Tüchtigkeit.*
praestare alicui aliquid *jdm. etw. erweisen*	Libenter tibi hoc officium praesto. *Gerne erweise ich dir diesen Dienst.*
se praestare mit Akk. *sich erweisen als etw./jd.*	Cato severum censorem se praestitit. *Cato erwies sich als strenger Zensor.*
praestat mit Inf./AcI *es ist besser, etw. zu tun*	Haud raro praestat tacere quam loqui. *Nicht selten ist es besser zu schweigen als zu reden.*
▸ reddere aliquid *etw. zurückgeben*	Vare, Vare, redde mihi legiones! *Varus, Varus, gib mir meine Legionen wieder!*
reddere mit doppeltem Akk. *zu etw. machen*	Pecunia neminem beatum reddit. *Geld macht niemanden glücklich.*
▸ temperare aliquid *etw. lenken, leiten*	Trajanus imperium prudenter temperavit. *Trajan hat das Imperium klug geleitet.*
temperare alicui *jdn./etw. schonen, mäßigen*	Caesar hostibus superatis temperare solebat. *Caesar pflegte die besiegten Feinde zu schonen.*
temperare (ab) aliqua re *sich von etw. fernhalten*	Lucullus a luxuria temperare non voluit. *Lucullus wollte sich vom Luxus nicht fernhalten.*
▸ vidēre aliquid *etw. sehen*	Video meliora et probo. *Ich sehe das Bessere und billige es.*
vidēre, ut/ne *darauf achten, dass/dass nicht*	Videbimus, ut eligamus comites fidos. *Wir werden darauf achten, treue Gefährten auszuwählen.*

Alphabetische Verbliste Lateinisch – Deutsch

Hier haben wir für Sie die wichtigsten lateinischen Verben mit ihren deutschen Übersetzungen alphabetisch aufgelistet. Die rechts angeführten Nummern sind die Konjugationsnummern, die Sie auf den Seiten der einzelnen Konjugationstabellen wiederfinden. Die Nummern zeigen somit, nach welchem Muster die jeweiligen Verben konjugiert werden. Vielen Verben sind auch zwei Konjugationsnummern zugeteilt (Aktiv/Passiv). Da jedoch die Stammformen der lateinischen Verben selten völlig mit einem Muster übereinstimmen, müssen Sie anhand der Stammformenliste überprüfen, ob es Abweichungen gibt. Die hervorgehobenen Verben sind als vollständige Konjugationstabellen, also als Muster, vorne im Buch abgedruckt.

A

abesse *abwesend sein* 27
abire *weggehen* 34
accedere *hinzukommen* 39
accendere *anzünden* 24/6
accidere *sich ereignen* 15
accipere *annehmen* 7/8
addere *hinzufügen* 20/6
adducere *hinführen* 25/6
adesse *da sein, helfen* 27
adicere *hinzufügen* 7/8
adire *aufsuchen* 34
adiuvare *helfen* 11/2
admirari *bewundern* 66
admonere *ermahnen* 3/4
afficere *versehen (mit)* 7/8
agere *treiben, handeln* 12
aggredi *angreifen* 43
agitare *(an)treiben* 1/2
alere *ernähren, fördern* 19
amare *lieben* 1/2
amittere *verlieren* 39/6
animadvertere *wahrnehmen* 24/6
aperire *öffnen* 13/10
appellare *(be)nennen* 1/2
appropinquare *sich nähern* 1
arbitrari *meinen* 66
arcere *abhalten* 3/4
ardere *brennen* 46
aspicere *erblicken* 14/8
assequi *einholen, erreichen* 56
attingere *berühren* 60/6
audere *wagen* 57
audire *hören* 9/10
aufferre *wegtragen* 30
augere *vermehren* 38/4

C

cadere *fallen* 15
caedere *fällen* 15/6
capere *fangen, fassen* 29/8
carere *entbehren* 3
cavere *sich hüten vor* 3
cedere *gehen, weichen* 39
censere *schätzen, meinen* 3
certare *wetteifern, streiten* 1/2
circumdare *umgeben* 23/2
circumvenire *umzingeln* 65/10
clamare *schreien* 1/2
claudere *schließen* 39/6
coercere *zügeln* 3/4
cogere *zwingen* 12/6
cogitare *denken* 1
cognoscere *erkennen* 21/6
colere *bebauen, pflegen* 19/6
colligere *sammeln* 36/6
commemorare *sich erinnern* 1/2
committere *anvertrauen, zustande bringen* 39/6
commovere *veranlassen* 40/4
comperire *erfahren* 52/10
componere *zusammenstellen* 47/6
comprehendere *erfassen, ergreifen* 24/6
conari *versuchen* 66
concedere *weichen, zugestehen* 39/6
concidere *einstürzen* 15
concipere *aufnehmen, erfassen* 7/8
condere *bergen, gründen* 20/6

finire *beenden* 9/10
firmare *stärken* 1/2
flectere *biegen, wenden* 25/6
flere *(be)weinen* 32/4
florere *blühen* 3
frui *genießen* 56
fugare *in die Flucht schlagen* 1/2
fugere *fliehen* 29
fungi *verrichten* 56

G

gaudere *sich freuen* 57
gerere *tragen, ausführen* 39/6
gignere *hervorbringen* 47/6

H

habere *haben, halten für* 3/4
habitare *wohnen* 1/2
haerere *hängen* 33
haurire *(aus)schöpfen* 55/10
hortari *ermahnen* 66

I

iacere *werfen* 29/8
iactare *werfen* 1/2
ignorare *nicht wissen* 1/2
imitari *nachahmen* 66
impedire *hindern* 9/10
impellere *antreiben* 44/6
imperare *befehlen* 1
implere *füllen* 32/4
imponere *auferlegen* 47/6
incedere *schreiten* 39
incendere *anzünden* 24/6
incidere *geraten in* 24
incipere *beginnen* 7
incolere *bewohnen* 19/6
inesse *innewohnen* 27
inferre *hineintragen* 30
inicere *hineinwerfen* 7/8
inire *hineingehen* 34
instituere *einrichten* 18/6
instruere *unterrichten* 25/6
intellegere *verstehen* 51/6
intendere *anspannen* 61/6
interesse *teilnehmen* 27
interficere *töten* 7/8
interire *umkommen* 34
intrare *betreten* 1/2
invadere *eindringen* 39
invenire *finden* 65/10
invidere *beneiden* 68
invitare *einladen* 1/2
ire *gehen* 34
iubere *befehlen* 35/4
iudicare *(be)urteilen* 1/2
iungere *verbinden* 51/6
iurare *schwören* 1/2
iuvare *unterstützen* 11/2

L

laborare *arbeiten* 1/2
laedere *verletzen* 39/6
largiri *schenken* 49
laudare *loben* 1/2
legere *lesen* 36/6
liberare *befreien* 1/2
loqui *sprechen* 56
lucere *leuchten* 38
ludere *spielen* 39/6

M

maerere *(be)trauern* 3
malle *lieber wollen* 37
mandare *anvertrauen, befehlen* 1/2
manere *bleiben* 38
memorare *erwähnen* 1/2
metuere *fürchten* 18/6
mirari *sich wundern* 66
miscere *mischen* 3/4
mittere *schicken* 39/6
monere *ermahnen* 3/4
monstrare *zeigen* 1/2
mori *sterben* 43
movere *bewegen* 40/4
munire *befestigen* 9/10
mutare *ändern, verwandeln* 1/2

N

narrare *erzählen* 1/2
nasci *geboren werden* 56
navigare *segeln* 1
necare *töten* 1/2
negare *verneinen* 1/2
neglegere *vernachlässigen* 51/6
nescire *nicht wissen* 9
niti *sich stützen auf* 63
nocere *schaden* 3
nolle *nicht wollen* 41
nuntiare *melden* 1/2

O

oblivisci *vergessen* 56
observare *beobachten* 1/2
obsidere *besetzt halten* 40/4
obtinere *festhalten* 3/4
occidere *untergehen* 24
occīdere *töten* 24/6
occupare *besetzen* 1/2
offendere *beleidigen* 24/6
operire *bedecken* 13
opprimere *unterdrücken* 39/6
oppugnare *angreifen* 1/2
optare *wünschen* 1/2
orare *bitten, beten* 1/2

oriri *entstehen* 49
ornare *schmücken* 1/2

P

parare *(vor)bereiten* 1/2
parcere *schonen* 60
parĕre *hervorbringen* 42/8
parēre *gehorchen* 3
patere *offen stehen* 3
pati *dulden, (er)leiden* 43
pellere *stoßen, schlagen* 44/6
pendĕre *abwiegen* 61/6
pendēre *hängen* 45
perdere *zugrunde richten* 20/6
perducere *(hin)bringen* 25/6
perferre *ertragen* 30
perficere *vollenden* 7/8
pergere *fortfahren* 51
perire *zugrunde gehen* 34
permittere *erlauben* 39
perspicere *betrachten* 14/8
persuadere *überreden, überzeugen* 46/4
pertinere *sich erstrecken* 3
perturbare *verwirren* 1/2
pervenire *gelangen* 65
petere *streben (nach)* 5/6
placere *gefallen* 3
polliceri *versprechen* 69
ponere *stellen, setzen, legen* 47/6
portare *tragen, bringen* 1/2
poscere *fordern* 61/6
posse *können* 48
possidere *besitzen* 40/4
postulare *fordern* 1/2
potiri *sich bemächtigen* 49
praebere *darreichen, gewähren* 3/4
praecipere *vorschreiben* 7/8
praecipitare *hinabstürzen* 1/2
praeesse *leiten* 27
praeficere *an die Spitze stellen* 7/8
praestare *übertreffen, leisten* 58
praeterire *vorbeigehen* 34
precari *bitten* 66
premere *drücken* 39/6
probare *prüfen* 1/2
procedere *vorrücken* 39
prodere *verraten, überliefern* 20/6
prodesse *nützen* 27
proficere *Fortschritte machen* 7
proficisci *aufbrechen* 56
profiteri *gestehen* 69
prohibere *abhalten* 3/4
proicere *hinwerfen* 7/8
promittere *versprechen* 39/6
properare *eilen* 1
proponere *sich vornehmen* 47/6
providere *vorhersehen* 68/69
pugnare *kämpfen* 1/2
punire *bestrafen* 9/10
putare *meinen, glauben* 1/2

Q

quaerere *suchen, fragen* 5/6
queri *(be)klagen* 63

R

rapere *rauben, reißen* 50/8
recedere *zurückweichen* 39
reddere *zurückgeben* 20/6
redigere *machen zu* 12/6
redire *zurückkehren* 34
referre *zurückbringen* 30
reficere *wiederherstellen* 7/8
regere *lenken, leiten* 51/6
regnare *herrschen* 1/2
relinquere *zurücklassen* 70/6
remittere *zurückschicken* 39/6
reperire *finden* 52/10
repetere *zurückfordern* 5/6
reprehendere *tadeln* 24/6
reri *rechnen, meinen* 69
resistere *Widerstand leisten* 17
respondere *antworten* 45/4
reverti *zurückkehren* 53
ridere *lachen* 46/4
rogare *fragen, bitten* 1/2

S

salutare *(be)grüßen* 1/2
scire *wissen* 9
scribere *schreiben* 54/6
secernere *trennen* 21/6
sedere *sitzen* 40
sentire *fühlen, meinen* 55/10
sequi *folgen* 56
servare *bewahren* 1/2
servire *dienen* 9

sinere *(zu)lassen* 5/6
sistere *(sich) hinstellen* 17
solere *gewohnt sein* 57
sollicitare *beunruhigen* 1/2
solvere *(ab)lösen* 18/6
spectare *betrachten* 1/2
sperare *hoffen* 1/2
stare *stehen* 58
statuere *beschließen* 18/6
studere *sich bemühen* 3
suadere *raten, zureden* 46/4
subicere *unterwerfen* 7/8
subigere *unterwerfen* 12/6
subire *auf sich nehmen* 34
subvenire *zu Hilfe kommen* 65
sumere *nehmen* 59/6
superare *übertreffen* 1/2
superesse *übrig sein* 27
surgere *sich erheben* 51
suscipere *auf sich nehmen* 7/8
sustinere *aufrechterhalten* 3/4

T

tacere *schweigen* 3
tangere *berühren* 60/6
tegere *(be)decken* 51/6
temperare *mäßigen* 1/2
tendere *spannen, ziehen* 61/6
tenere *(fest)halten* 3/4
terrere *(jdn.) erschrecken* 3/4
timere *fürchten* 3/4
tollere *(auf)heben* 62/6
tradere *übergeben* 20/6
trahere *ziehen* 51/6
traicere *hinüberwerfen* 7/8
transire *hinübergehen* 34
tribuere *zuweisen* 18/6
turbare *verwirren* 1/2

U

uti *gebrauchen* 63

V

vacare *frei sein (von)* 1
valere *gesund sein* 3
vehere *fahren, ziehen* 51
vehi *fahren, reiten* 56
velle *wollen* 64
vendere *verkaufen* 20/6
venire *kommen* 65
vēnire *verkauft werden* 34
vereri *fürchten, verehren* 4
versari *sich aufhalten* 66
vertere *wenden* 24/6
vetare *verbieten* 67/2
vexare *quälen* 1/2
videre *sehen* 68/69
videri *scheinen* 69
vincere *besiegen* 70/6
vincire *fesseln, binden* 55/10
vivere *leben* 51
vocare *rufen, nennen* 1/2
volvere *drehen, wälzen* 18/6

Alphabetische Verbliste Deutsch – Lateinisch

Hier haben wir für Sie die wichtigsten deutschen Verben mit den entsprechenden lateinischen Übersetzungen alphabetisch aufgelistet. Auch hier steht die rechts angeführte Nummer für die Konjugationsnummer, also das Muster, nach dem das entsprechende lateinische Verb konjugiert wird. Konsultieren Sie aber unbedingt auch die Stammformenliste, da die Stammformen dem Muster häufig nicht ganz entsprechen. Die lateinischen Entsprechungen der hervorgehobenen deutschen Verben sind als vollständige Konjugationstabellen vorne im Buch abgedruckt.

A

abfallen deficere 7/8
abhalten arcere, prohibere 3/4
ablegen deponere 47/6
abwehren arcere 3/4
abwiegen pendĕre 61/6
ändern mutare 1/2

angreifen aggredi 43
angreifen invadere 39
annehmen accipere 7/8
anspannen intendere 61/6
ansprechen appellare 1/2
antreiben impellere 44/6
antworten respondere 45/4
anvertrauen committere 39/6
anvertrauen credere 20/6
anvertrauen mandare 1/2
anzünden accendere, incendere 24/6
arbeiten laborare 1/2
aufbrechen proficisci 56
aufdecken aperire 13/10
auferlegen imponere 47/6
aufgehen oriri 49
sich aufhalten versari 66
aufheben tollere 62/6
aufhören desinere 5/6
aufnehmen concipere 7/8
aufrechterhalten sustinere 3/4
aufstehen surgere 51
aufsuchen adire 34
ausführen fungi 56
ausführen gerere 39/6
ausfüllen explere 32/4
ausgehen deficere 7/8
ausheben conscribere 54/6
auslöschen exstinguere 51/6
ausrüsten ornare 1/2
äußern ēdere 20/6
auswählen deligere, eligere 36/6

B

bebauen colere 19/6
bedauern dolere 3
bedecken operire 13
bedecken tegere 51/6
bedrängen premere 39/6
beenden finire 9/10
befehlen imperare 1
befehlen iubere 35/4
befestigen munire 9/10
befragen consulere 19/6
befreien liberare 1/2
beginnen incipere 7
beginnen inire 34
begrüßen salutare 1/2
begünstigen favere 40
behaupten contendere 61
beibehalten obtinere 3/4
bekennen fateri, profiteri 69
bekräftigen confirmare 1/2
beleidigen offendere 24/6
sich bemächtigen potiri 49
sich bemühen studere 3
beneiden invidere 68
beobachten observare 1/2
beraten consulere 19/6
bergen condere 20/6
berühren attingere, contingere 60/6
berühren tangere 60/6
beschäftigen occupare 1/2
beschließen constituere 18/6
beschließen statuere 18/6
beseitigen tollere 62/6
besetzen occupare 1/2
besetzt halten obsidere 40/4
besiegen superare 1/2
besiegen vincere 70/6
besitzen possidere 40/4
bestärken confirmare 1/2
bestatten efferre 30
bestehen (aus) constare 58
bestrafen punire 9/10
bestürmen oppugnare 1/2
beten orare 1/2
betrachten spectare 1/2
betreiben agitare 1/2
betreiben exercere 3/4
beugen flectere 25/6
beunruhigen sollicitare 1/2
bewahren conservare 1/2
bewegen movere, commovere 40/4
bewirken efficere 7/8
bewohnen incolere 19/6
bewundern admirari 66
bezahlen pendĕre 61/6
sich beziehen pertinere 3
biegen flectere 25/6
bilden erudire 9/10
bitten orare, rogare 1/2
bitten precari 66
bleiben manere 38

blühen florere 3
brennen ardere 46
bringen ferre 30
bringen perducere 25/6
bringen portare 1/2

D

darreichen praebere 3/4
denken cogitare 1
dienen servire 9
drehen volvere 18/6
drücken premere 39/6
dulden pati 43
durcheinanderbringen perturbare 1/2
durchschauen perspicere 14/8

E

ehren colere 19/6
eilen contendere 61
eilen properare 1
eindringen invadere 39
einfordern exigere 12/6
einholen assequi 56
einjagen inicere 7/8
einladen invitare 1/2
einrichten instituere 18/6
einrichten instruere 25/6
einschreiten animadvertere 24/6
einsehen intellegere 51/6
einstürzen concidere 15
eintreten intrare 1/2
entbehren carere 3
entfernt sein abesse 27
entfliehen effugere 7
entkommen evadere 39
entlassen dimittere 39/6
entscheiden decernere 21/6
entstehen fieri 31
entstehen oriri 49
erblicken aspicere 14/8
sich ereignen accidere 15
sich ereignen evenire 65
erfahren comperire 52/10
erfassen comprehendere 24/6
erfinden invenire 65/10
erfreuen delectare 1/2
erfreuen iuvare 11/2
ergreifen comprehendere 24/6
sich erinnern commemorare 1/2
erkennen cognoscere 21/6
erlauben permittere 39
erledigen defungi 56
ermahnen admonere 3/4
ermahnen hortari 66
ermahnen monere 3/4
ermuntern hortari 66
ernähren alere 19
erobern expugnare 1/2
erörtern disserere 19/6
erproben experiri 28
erreichen assequi, consequi 56
zu erreichen suchen petere 5/6
erschrecken terrere 3/4
ersehnen desiderare 1/2
sich erstrecken pertinere 3
ertragen perferre 30
erwähnen (com)memorare 1/2
erwarten exspectare 1/2
erzählen narrare 1/2

F

fahren vehi 56
(etw.) fahren vehere 51
fällen caedere 15/6
fallen cadere 15
fangen capere 29/8
fehlen deesse 27
fesseln vincire 55/10
festhalten tenere 3/4
festsetzen statuere 18/6
finden invenire 65/10
finden reperire 52/10
fliehen fugere 29
folgen (con)sequi 56
fordern poscere 61/6
fordern postulare 1/2
fördern alere 19
fördern augere 38/4
fortfahren pergere 51
fragen quaerere 5/6
fragen rogare 1/2
frei sein (von) vacare 1
sich freuen gaudere 57
fühlen sentire 55/10
führen ducere 25/6
füllen implere 32/4
fürchten metuere 18/6
fürchten timere 3/4
fürchten vereri 4

G

gebären gignere 47/6
geben dare 23/2
geboren werden nasci 56
gebrauchen uti 63
gefallen placere 3
gehen cedere 39
gehen ire 34
gehorchen parēre 3

N

nachahmen imitari (66)
sich nähern appropinquare (1)
nehmen sumere (59)/(6)
auf sich nehmen subire (34)
auf sich nehmen suscipere (7)/(8)
nennen appellare, vocare (1)/(2)
sich niederlassen considere (12)
niederwerfen deicere (7)/(8)
nützen prodesse (27)
nützen proficere (7)

O

öffnen aperire (13)/(10)
ordnen componere (47)/(6)

P

pflegen colere (19)/(6)
pflegen curare (1)/(2)
plagen exercere (3)/(4)
prüfen probare (1)/(2)

Q

quälen vexare (1)/(2)

R

raten suadere (46)/(4)
rauben rapere (50)/(8)
rechnen reri (69)
reißen rapere (50)/(8)
an sich reißen potiri (49)
rekrutieren conscribere (54)/(6)
retten conservare, servare (1)/(2)
richten auf intendere (61)/(6)
rufen vocare (1)/(2)

S

sagen dicere (25)/(6)
sammeln colligere (36)/(6)
schaden nocere (3)
schätzen censere (3)
schätzen existimare (1)/(2)
scheinen videri (69)
schicken mittere (39)/(6)
schlagen pellere (44)/(6)
in die Flucht schlagen fugare (1)/(2)
schleudern conicere (7)/(8)
schließen claudere (39)/(6)
schmücken ornare (1)/(2)
schonen parcere (60)
schöpfen haurire (55)/(10)
schreiben scribere (54)/(6)
schreien clamare (1)/(2)
schreiten incedere (39)
schulden debere (3)/(4)
schützen tegere (51)/(6)
schwächen conficere (7)/(8)
schweigen tacere (3)
schwören iurare (1)/(2)
segeln navigare (1)
sehen videre (68)/(69)
sein esse (27)
abwesend sein abesse (27)
da sein adesse (27)
imstande sein valere (3)
anderer Meinung sein dissentire (55)
überlegen sein superesse (27)
übrig sein superesse (27)
setzen ponere (47)/(6)
sich setzen considere (12)
sitzen sedere (40)
sorgen für consulere (19)/(6)
sorgen für providere (68)/(69)
spannen tendere (61)/(6)
spenden largiri (49)
spielen ludere (39)/(6)
sprechen loqui (56)
stärken firmare (1)/(2)
stehen stare (58)
offen stehen patere (3)
stehen bleiben consistere (17)
stellen ponere (47)/(6)
stellen (auf) imponere (47)/(6)
an die Spitze stellen praeficere (7)/(8)
in Aussicht stellen proponere (47)/(6)
sterben defungi (56)
sterben mori (43)
stoßen pellere (44)/(6)
stoßen auf incidere (24)
streben (nach) niti (63)
streben (nach) petere (5)/(6)
streiten certare (1)/(2)
sich stützen (auf) niti (63)
suchen quaerere (5)/(6)

T

täuschen fallere (15)/(6)
teilen dividere (39)/(6)
teilnehmen interesse (27)
töten interficere (7)/(8)
töten necare (1)/(2)
töten occīdere (24)/(6)
tragen ferre (30)
tragen gerere (39)/(6)
tragen portare (1)/(2)
trauern maerere (3)